世界一やさしい 空売りの練習帖 1年生

ジョン・シュウギョウ

ソーテック社

ご利用前に必ずお読みください

本書は株式売買、投資の参考となる情報提供、技術解説を目的としています。株式売買、投資の意思決定、最終判断はご自身の責任において行ってください。本書に掲載した情報に基づいた投資結果に関しましては、著者および株式会社ソーテック社はいかなる場合においても責任は負わないものとします。

また、本書は2023年4月現在の情報をもとに作成しています。掲載されている情報につきましては、ご利用時には変更されている場合もありますので、あらかじめご了承ください。

以上の注意事項をご承諾いただいたうえで、本書をご利用願います。

Cover Design & Illustration…Yutaka Uetake

「空売りは苦手」を乗り越えるために

２０１５年の秋、**「世界一やさしい 株の信用取引の教科書1年生」**という本を出版して、空売りのトレードについてわかりやすく伝えました。

空売りの入門書として異例のわかりやすさという評価とともに、２０２３年に入るまで10回に近い重版を重ねることができました。重版を一回することも難しいとされる昨今の出版界なので、その意味はより大きいと言えるでしょう。

出版当初から、空売りの実践練習ができるドリル本が欲しいというリクエストは多くいただいておりました。拙著「世界一やさしい 株の教科書1年生」には「世界一やさしい 株の練習帖1年生」という姉妹書みたいなドリル本が存在していたからです。

遅くなりましたが、**空売りのすべてを詰めた実践書**をここにお贈りします。

本書には、前作が出版されてからの市場の変化と、アップデートされた投資の理論を盛り込みました。つまり、前作の理論を繰り返す単純な練習帖という位置付けではなく、**実践感覚を身につけながら新しい投資スキルも学べるように企画・制作**されました。

本書を手に取ってくださったあなたは、間違いなく投資に興味があり、下げるときに利益を上げる空売りについても上手になりたいと願っているでしょう。しかし、空売りは苦手と思う方も多いはずです。苦手だけど、それを乗り越えたい、しかし難しい理論だけを並べる退屈な本はいやだと思っているでしょう。それなら、正しい本を手にしています。

本書は、**苦手と思われる空売りを実践形式で訓練するために最適な本**です。

一回読んで終わりだったり、古本屋さん行きになる本ではありません。ずっと手元においてバイブルのようにお使いください。それを実現するために、本書はいくつかの特徴を持っています。

❶ 勉強しきれる分量（18法則）にまとめました

「○○になる100の法則」のような本もありますが、私自身が100にも及ぶ法則を覚える自信がありません。「これなら勉強しきれるかな」と感じる数字に絞ってまとめました。気軽にチャレンジしてください。

❷ トレードの対象を広げました

株式投資の空売りについて説明した教科書から、説明する金融商品をぐんと広げました。株式も日本市場に留まらず、**米国市場の銘柄を含め、ＦＸ、仮想通貨、商品先物まで網羅**しています。株式投資に慣れてきて、自分の枠を広げたいと思う中・上級の方も満足できる範囲です。

❸ トレードの時間軸も広げました

トレード対象の金融商品を多様化したにとどまらず、時間軸も広げました。以前の教科書は、日足を中心に短期間で利益を取っていくスウィングトレードを主に説明しましたが、**本書では日足のほか、時間足、分足にまで対象を広げました**。ドリルを解くことで、超短期のトレードとなるデイトレードやスキャルピングでも応用が可能になります。

❹ トレンドの有無に関わらず使えるようにしました

本書の中心は、トレンドが発生したときに利益を取るトレンドフォローですが、後半の法則では**トレンドがないときにも使える理論を説明して、実践問題でスキルが身につくようにしています**。

トレンドなし相場でも利益が取れるようにトレーニングできるので、必ず身につけてください。

⑤さらに上を目指す応用問題を無料動画で説明しました

さらに上を目指すために、**応用問題のある法則を用意しました。**本文でも説明はしていますが、より深く、わかりやすく解説する特典動画を用意しています。

読者特典サイトに登録するだけで、すべての動画を無料で見ることができるので、ぜひアクセスして活用してください。

いかがでしょうか？　５つの特徴、魅力的ではありませんか？

自分で自分の本を魅力的だと言ってしまうのもなんですが、それだけベストを尽くして作ったということでもあります。魅力的な内容と共にあなたが実際に利益に繋げられるように、膨大な資料から厳選しました。

本書を通じて、空売りについて理解を深め、賢く投資するための手法を学んでいただけることを願っています。

ジョン・シュウギョウ

目次

第1章

空売りの達人になる12の法則

1時限目

株価のサイクルと下げトレンド

法則 1

3時限目 空売りの利益確定と注文スキル

5時限目 暴落期のトレード

第２章

さらなる上を目指す6の法則

6時限目 トレンドレスを制する

序章

「空売りの達人」になる前に

0時限目

信用取引と空売りの基本

スタートは概念の整理から！　まず信用取引と空売りの基礎を確認しましょう。基本を押さえることで、これからの道も楽になります！

まず、信用取引とはなにかを知る

空売りの達人になるための旅をスタートします。

すべてのスタート地点となる「0時限目」では、信用取引の概念と空売りの基本コンセプトを理解していただきます。これは基本知識の確認でもあります。

すでに信用取引には慣れている、空売りの概念もバッチリという人は、ここを飛ばして「1時限目」から始めていただいてもかまいません。

それでは、まず信用取引の概念から整理してみましょう。

1 信用取引の概念

「**信用取引**」は証券会社から有価証券の購入代金、または株式などの有価証券を借りて売買する取引のことです。

信用取引を行うことで、投入した自己資金の何倍もの取引をすることができ、自己資金だけでは実現できない大きな利益を得ることができます。ただし、信用取引にはリスクもあるので、投資家は注意が必要です。

一方、自己資金のみで株式を買うことを「**現物取引**」といいます。まず、この2つの違いを理解してください。

「現物と信用、なにが違うのか？」

これに答えられるなら、基本概念はもう大丈夫です。

信用取引の種類

もう一歩だけ、踏み込んでみましょう。

信用取引は、「**制度信用取引**」と「**一般信用取引**」の2つに分かれます。

「**制度信用取引**」は証券取引所のルールによって返済の期限や品貸料の金額、取引できる銘柄などが決められている信用取引のことです。これは逆にいえば、取引できない銘柄が存在するということです。

図0-1　信用取引の概念

制度信用取引で大事な存在は、「**証券金融会社**」です。投資家に資金や株式を提供するのが証券会社ですが、証券会社の内部でも資金や株式が不足することがあります。このとき、証券会社が資金や株式を借りる機関が「証券金融会社」です。このやりとりを「**貸借取引**」といいます。貸借取引が存在するのが制度信用取引の特徴でもあります。

投資初心者のときは、あまり深く考える必要はなく、こちらの制度信用を選択すれば間違いありません。

一般人だから一般信用ではない

一方、証券取引所や他の機関が介入しない、証券会社と投資家間の契約を「**一般信用取引**」といいます。証券会社と投資家の

図0-2 信用取引の種類

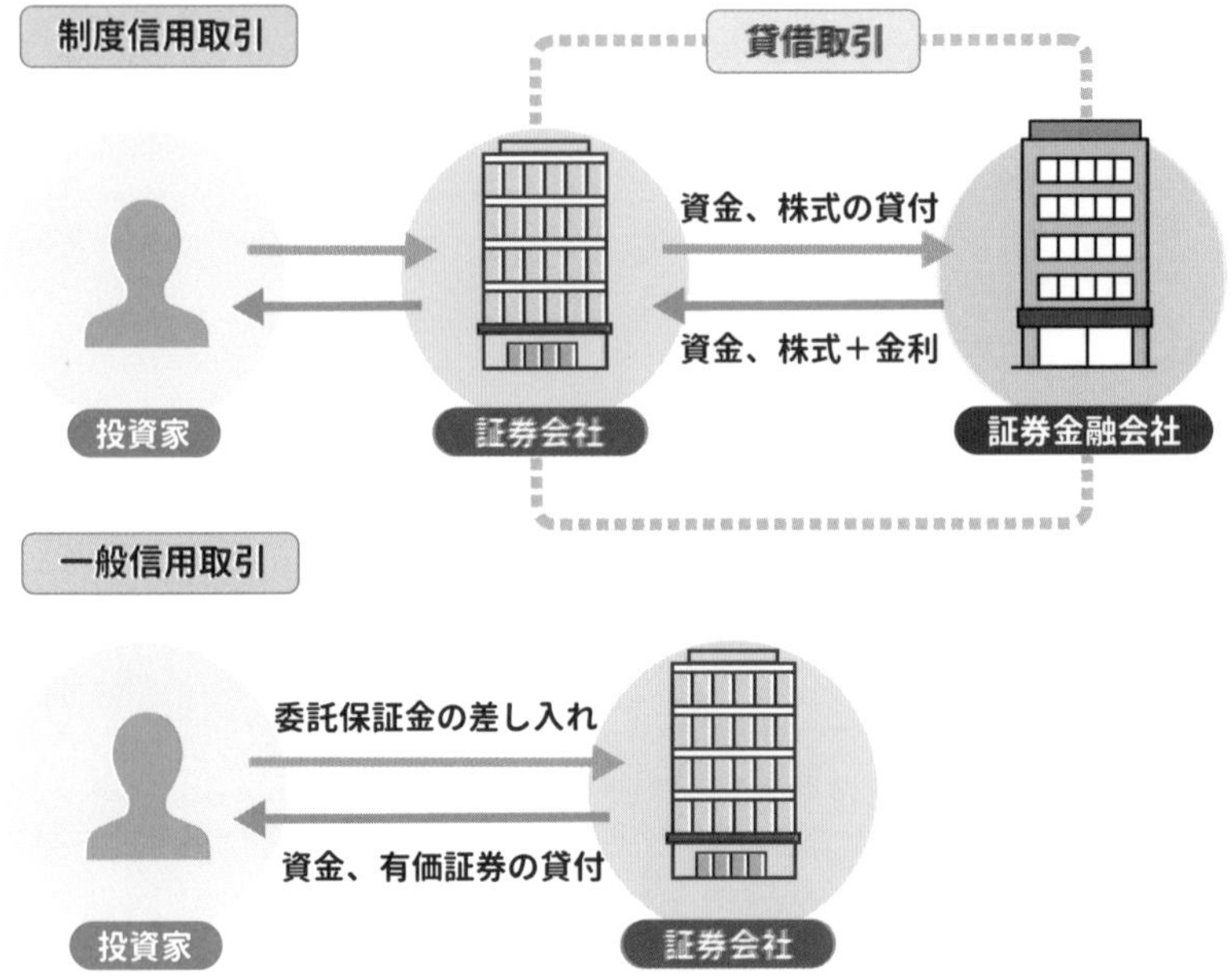

間の契約なので、証券会社が決めた銘柄はすべて取引できるうえ、金利や返済期限なども証券会社によって決められます。

一般信用では、借りられる株式の種類に制限がなく、制度信用よりも自由度が高い反面、融資金利が高く設定されるため、比較的リスクが高い取引方法とされています。

注文を出すときには、どちらかを選ぶようになっていますが、「私は特別な人ではなく一般人なので、一般信用」のような勘違いをしないように気をつけてください。

2 信用取引のメリット・デメリット

信用取引には2つの種類があり、個人投資家が使うのは「制度信用取引」だというところまで理解できました。

では、信用取引にはどんなメリットがあって投資家たちは喜んで信用取引をするのでしょうか？

ここからは、信用取引のメリットとデメリットについて見ていきます。

信用取引のメリット

信用取引には次のようなメリットがあります。現物にはない魅力満載ですね。その分、注意すべきポイントもありますので、よくデメリットの部分まで読んでください。

❶資金の有効活用

信用取引を利用すると証券会社から購入代金を借りて取引を行うので、現金で株式を購入する必要がなくなります。そのため、自分の余剰資金を有効活用することができます。

❷高いリターンの獲得

前述した通り、信用取引を利用すると自分が証拠金として預けた現金の約3倍の資金を動かすことができるようになります。３倍購入したので、購入した株式の価格上昇によるリターンが、現金取引よりも高くなる可能性があります。もちろん、その反対の可能性もあることは必ず覚えておいてください。

❸空売りができる

株価の下落を予想した場合に、株式の空売りを行うことができるのが大きなメリットの一つであり、この本のテーマでもあります。これは現物取引では得られないメリットです。

空売りにより株価が下落する時間帯でもリターンを狙うことができ、常に利益を獲得するチャンスが存在することになります。

一方、現物取引のみをする場合は、常に買う➡上がっていくことでリターン、下がっていくときは何もできない、と収益を得るチャンスが限られます。

これだけメリットがある信用取引、素敵ですね。しかしメリットばかりの話はまずありません。信用取引にも注意すべきデメリットがあります。ここでしっかり要点を押さえておきましょう。

信用取引のデメリット

❶リスクの増大

信用取引のみならず、現物取引にもいえることですが、株式取引に元本保証はありません。投資元本が損失する可能性があるわけです。

なおさら信用取引は借り入れた資金を利用して株式を購入するため、金利負担も生じており、損失になる場合は現物取引よりも大きくなる可能性があります。

❷マージンコール（追証）リスク

信用取引を行っている場合、買った株価の下落、または空売りをした株式が上昇することにより証拠金不足となることがあります。

その場合、証券会社から追加の証拠金を要求されることになります。これをマージンコール、または追加証拠金の略としてオイショウ（追証）と呼びます。

これを避けるためには、十分な証拠金を維持する必要があります。

❸買いと売り、両方で損失のリスク

買いと空売りの両方が使えて、しかも3倍のレバレッジが効くのが大きなメリットという、うまいことだけ言って終わる説明をよく見かけます。

しかし、現実はまったく逆のことも起こりうるということを必ず覚えてください。「せっかく空売りまで覚えたのに、信用買いで入ると株価が下がる、空売りで入ると株価が上がり、両方で損失になります。」という投資家に遭遇することがあります。これは可能性ゼロの話ではありませんので、両方で損失になる可能性があるというデメリットも必ず覚えておいてください。

以上が、信用取引のメリットとデメリットになります。投資には常にリスクが伴うので、慎重に取引を行うことを常に心がけましょう。信用取引全般の話をざっくりと理解できたので、ここからは空売りの概念を明確にしていきましょう。

3 空売りとは？

空売りとは、株価や他の資産の価格が下がることを予測して、その資産を売却することから取引

をスタートすることを指します。

一般的に、この売却はまだ保有していない資産を売ることになります。空売りという名前はこの「保有していない資産」から由来しています。

このようにして売却された資産は、その後、買い戻しをすることで取引が終了します。

空売りは下がるほうに賭けるゲームだと覚えよう！

この説明だけでは結構難しいと感じることでしょう。

では、もっとわかりやすく説明します。一般的なお堅い定義は忘れて、ゲームで覚えましょう。

株式を買うのは上がるほうに賭けるゲームだといえます。買った値段より株価が上昇すれば、その上昇した分が自分の利益になります。

そうですよね？　１００円で買って１５０円まで上がったら、50円が自分の利益になる、簡単な話です。株式取引というと、大体はこのゲームのことをいいます。

上がるゲームがあるなら、下がる方に賭けるゲームがあってもいいのではないでしょうか？　原理はまったく一緒。「ここから下げますよ」と、ゲームを始めた値段より株価が下がれば、その下がった分を利益として受け取るゲームだって作れるわけです。そうですよね？

数字の例でいうなら、１００円でゲームをスタート（空売りのスタート）、株価が50円まで下がると下がった分50円が自分の利益になります。すごく簡単ですよね？

“価格が下がることを予測して、資産を売却することから…”のように難しい言葉は、一切使わなくていいです。

下がるほうに賭けるゲームだと覚えてしまいましょう。

空売りの危険性を覚えてルールを守る

上がるときは買って利益、下がるときにも空売りで利益、こんな美味い話があっていいのか？　と思いがちですが、ここで一つ空売りの危険性は必ず覚えておきましょう。

それは、「**空売りの損失は、理論上無限大**」ということです。

図0-3 空売りをゲームで考えると

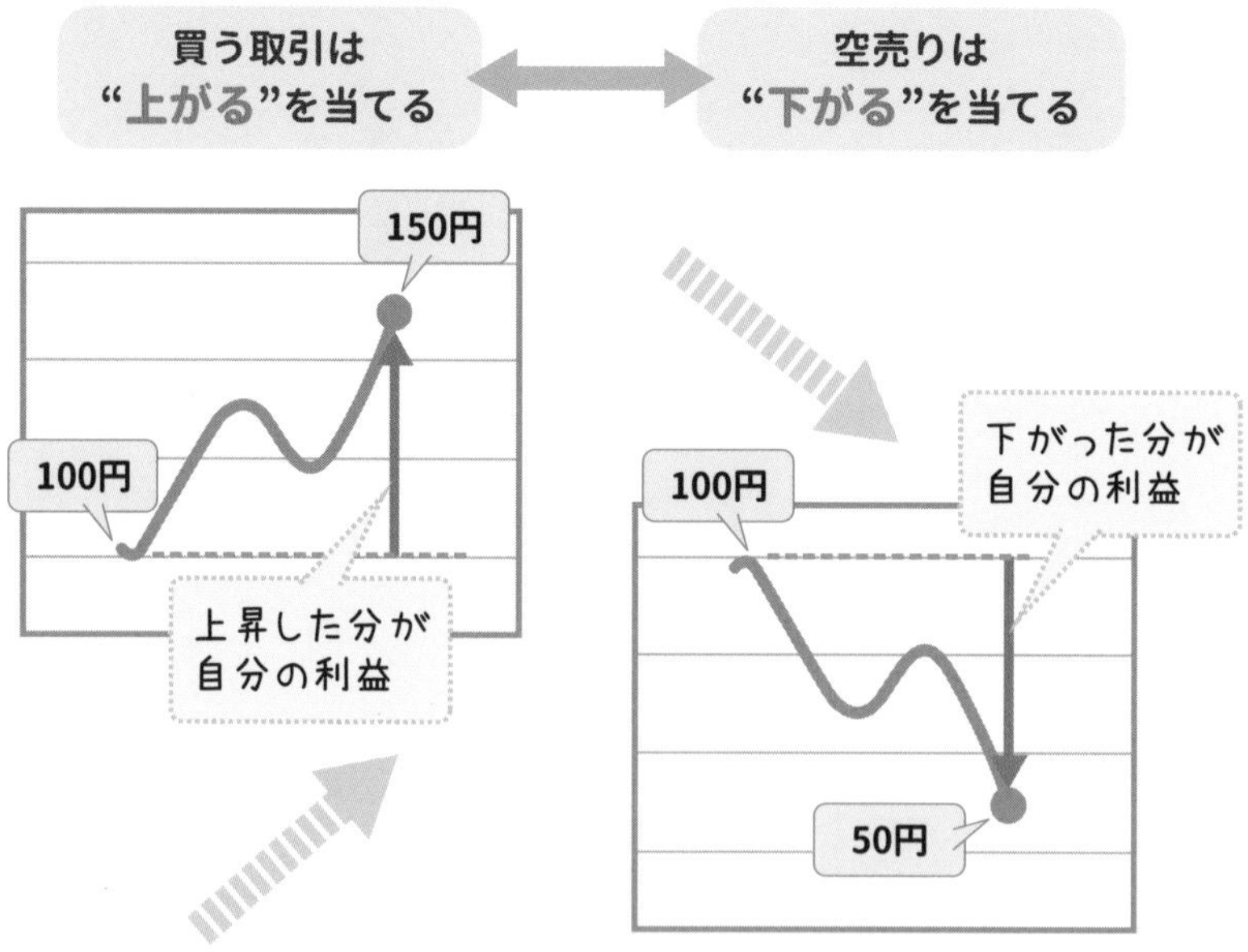

「ええっ、怖いこと言わないでよ！　損失無限大なんて、嫌だ。利益無限大のほうがいい」

はい、そうですよね。損失無限大なんて誰が喜ぶでしょう。できることなら利益無限大のほうがいいに決まっています。丁寧に説明しますね。

損失が無限大とは、考えるだけでぞっとしますが、これは「理論上」でのことです。

例えば、1株100円の株式を用いて、同じ値段で信用買い、空売りをしたら、何が起こりうるのか見てみましょう。

まず20万円を投資して、この株式を①2000株買う、20万円の証拠金で②2000株を空売りする取引を行ったとします。

❶信用買いの最大損失は投資した金額

これは容易に想像がつきますね。2000株を20万円で買いましたが、この会社が倒産して、紙くずになってしまいました。

このときの最大の損失額は？　会社が存続できなくなったので、自分が投資した20万円が返ってこない、最大の損失額は自分が投資した金額と同じ大きさです。

❷ 信用売りの最大損失は無限大、しかし途中で歯止めがかかる

一方、空売りの場合は損益の構造が信用買いとは反対なので、上がる分が損失。

では、株価が上がる際の上限は？　答えは「無い」ですね。理論上、株価はいくらでも上昇することができます。下がるときは下限が０円に限定されますが、株価は１００円が1万円にだって、１０００万円にだってなるわけです。

では、空売りをする人は無限大に損失を受け入れて、払わないといけないのか？　実はそういうことは起こりません。追証のことは覚えていますよね？

評価損が発生するとその減少分が委託保証金から減額され、委託保証金率が20％を下回ると不足した分を入金する必要があるということでした。信用売りの場合もまったく同じ評価が適用されます。株価が上昇して、評価損になり評価額が基準を下回ると追証が発生するわけです。

つまり、投資金額の何十倍にも損失が拡大する前に追証によって歯止めがかかるわけです。

追証への対応は一つだけ。「切る」ことです！

追証が発生した時点で、その投資は失敗しています。素早く整理して、次の投資に回しましょう。

これをルール化してきちんと守ることが、投資の世界で生き残る道です。

4 金融商品別のサイクルとトレンドの特徴

投資の世界には株式以外の商品も数多く存在しています。FX、先物、オプション、コモディティ（商品先物）、仮想通貨など、ネットが発達している現在はますます多くの商品に触れることができるようになりました。

素朴な疑問で、「株式投資で学んだトレンドとサイクルの理論を他の商品にも使えるか？」というのが挙げられます。一つを覚えてあらゆる商品で使えるのはどれだけ素晴らしいことでしょう！

結論から言うと、使えます！　すべての基礎になる動きは一緒です。ただし、全く一緒というわけにはいかず、商品別に特徴を持っています。

「0時限目」の最後に、主な投資商品別にトレンドとサイクルの特徴を押さえておきましょう。

FX 指標発表日は暴れん坊

投資の代表的な商品であるFX（特にドル・円の組み合わせ）のチャートは、イベントで暴れるという特徴を持っています。

❶ 突発的な価格変動

短期的には、経済指標や政治的な発言などのニュースによって価格が急激に変動します。チャートを見ると、日足に長い上下ひげがついているのがよくあります。例えば、米国の雇用統計、消費者物価指数などの重要な指標が発表される時は1分の間に1〜2円動く（日経平均株価で言えば、1000円以上動く感覚）のは普通に起こることです。また、市場の流動性が低くなる時期や祝日などでも価格変動が激しくなることがあります。

❷ シーズンによって変動性が高まる

通貨ペアの価格には、季節性の要因が影響することがあります。たとえば、GW（ゴールデンウィーク）や夏休みなどの旅行シーズンや年末年始には、外貨両替の需要が増えるため、レートが激しく変動することが起こります。

図0-4 ドル・円の値動き

原油 景気の見通しと密接に関係

コモディティの代表的な商品である原油にもトレンドとサイクルは存在しますが、それが景気と密接に連動しているという特徴があります。

❶ 景気を先取りして変動

原油は世界中で広く使用される重要なエネルギー源であるため、景気の動きを先取りする傾向があります。例えば景気が回復する見込みの場合、原油の需要が高まるだろうとの思惑で原油先物が買われ、価格が上昇します。逆に景気が悪化する見込みの場合は、下落します。

❷ 外部要因で短期変動が激しい

原油は政治的な不安定、生産量や需要に影響を与える地政学的なリスクの発生など多くの外部要因によって価格が短期間で変動するという特徴があります。長

図0-5 原油（WTI）の値動き

期的には景気に連動して一定の流れを保ちますが、その中で短期的に突発的な動きがあるわけです。

仮想通貨 ありそうでない、ないようである流れ

ビットコインを代表とする仮想通貨は、投資商品の中では最も若い方です。歴史が浅く、今までの概念とは異なる性格を持っているので、値動きが独特です。

❶ 値動きが激しいが、長期的にはトレンドが存在

仮想通貨のトレードを行うトレーダーは短期勝負で挑む場合が多く、関連ニュースの動向にも敏感に反応します。そのため、大きな陰線・陽線が出現する、それが続くかと思うといつのまにか反転するなど激しい動きをします。しかし、長期的にみると上か下、ちゃんと方向性が見えるから不思議なものです。

図0-6 ビットコイン・ドルの値動き

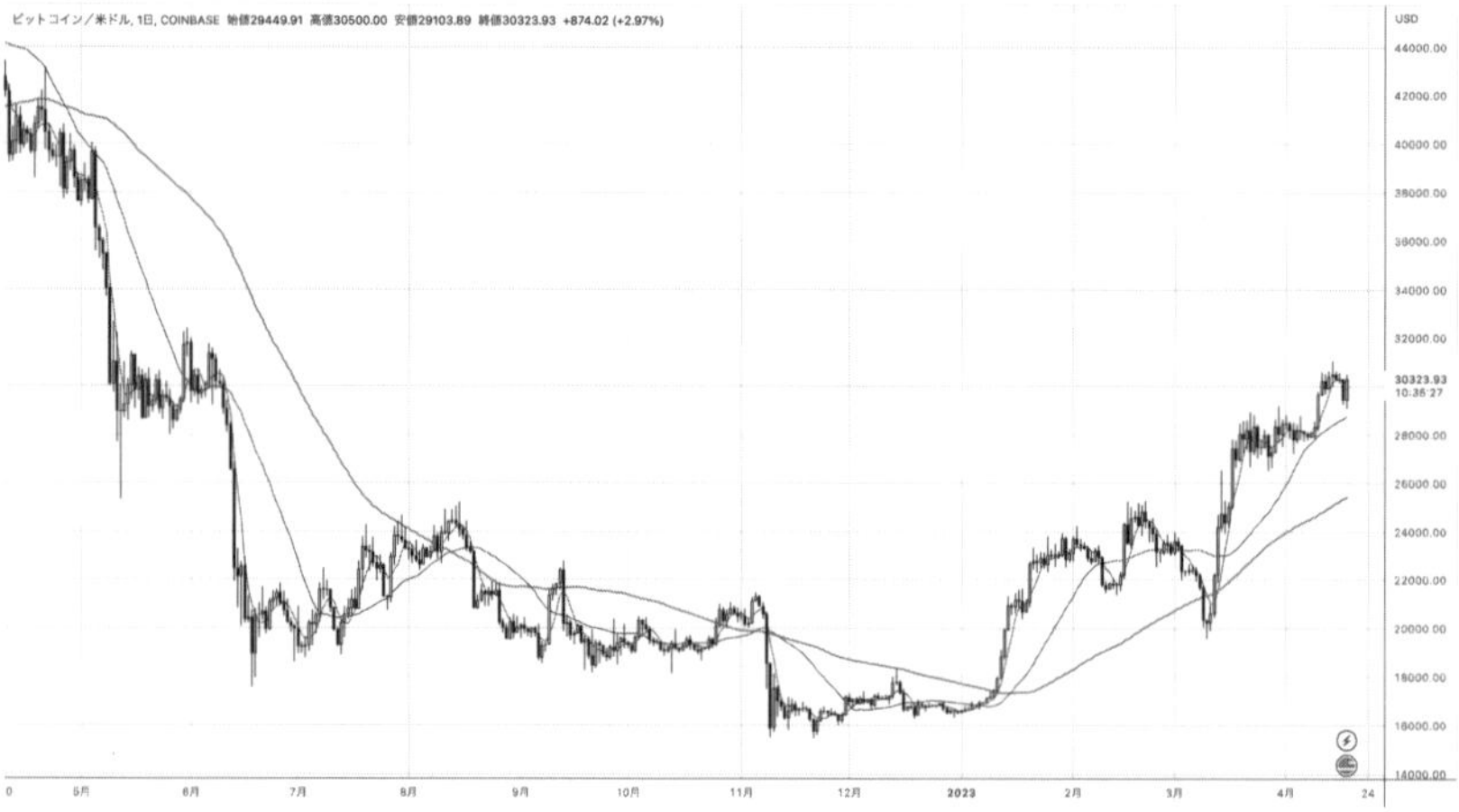

❷外部要因によるボラティリティの高さ

激しく変動するのは前述した通りですが、特にイベント関連で変動性が増幅するのも仮想通貨の特徴です。２０２２年にテスラがビットコインに15億ドルの投資を行ったと発表すると急騰するなど、大手企業が仮想通貨に関する発表を行った場合、あるいは仮想通貨取引所のハッキングなどが起こった場合には、当然のことながら市場参加者の関心が高まり、大きく変動します。

さて、ここまで理解できれば、信用取引と空売りの基本は身につけたことになります。もちろん知識を詰め込むだけでは自分の利益になりませんが、利益を作るための基盤にはなってくれるはずです。

この後、「1時限目」から利益につながる法則の数々を見ていきましょう。

楽しい旅は、これから始まります。

0時限目のまとめ

- 信用取引は購入代金、株式を証券会社から借りて行う取引
- 制度信用と一般信用があり、取引は制度信用取引を利用する
- 空売りは下がることを当てるゲーム。下げた分が自分の利益になる
- 空売りは理論上損失無限大。ロスカットルールは必ず守る！

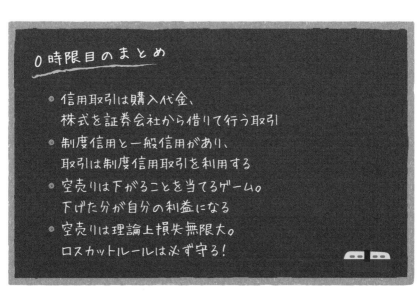

Column1

歴史上初めての空売り

歴史上初めての空売り、ご存じでしょうか？　空売りという仕組みを思いついたのは本当に天才じゃないかと感心して歴史を調べたことがありますが、そこには意外なストーリーが隠されています。それは、17世紀のオランダで起きた「チューリップ・バブル」の時に行われた空売りです。当時のオランダにはすでに先物市場が存在して、その市場で空売りが普通に行われていたようです。そんな昔に先物のようなデリバティブ市場が存在するなんて、本当？　はい、本当です！

ただ、一つだけ現在の金融システムとはかけ離れたことがありました。先物市場は主に「パブ（飲み屋）」であり、パブにトレーダーたちが集まって、先物取引契約を交わしていました。「トレーダー」と格好いい言葉をつけていますが、「お酒好きのギャンブラー」と言ったほうが相応しいかもしれません。お酒とお金と男たち、もはや危ない匂いしかしません。

場所が場所ですから、取引システムもかなりゆるいもので、証拠金という概念と仕組みすら存在していませんでした。「証拠金がないってどういうこと？」と言いたくもなりますが、わかります、その気持ち。想像することすら難しいでしょう。

簡単にいうと、先物の買い手は先物を買ってポジションを取る際に一切の資金を差し入れずに、契約だけを交わしました。買い手がこれなので、売り手も当然、何の裏付けとなるものを持たずに売りに出すことができたわけです。これが「空売り」の始まりとされています。スーツを着こなしたプロの金融マンが最先端のシステムを駆使してテキパキとデリバティブトレードを行う、現代のイメージからは想像もできない姿です。

そもそも取引されているのはチューリップの球根。その値段は最高で平均年収の20倍以上、普通の労働者が20年間一円も使わずに貯めてやっと届く金額でした。もはや「まともな精神を持った人はいませんか？」と言いたくなるカオス状態です。

しかし、無茶苦茶な取引のようにみえるこの市場にも、現代でも使われる仕組みはちゃんとあって、代表的なのが「差金決済」です。実際に球根をやりとりするプロセスは一切なく、契約の期限が到来すると買い手が契約した価格と実勢の価格の差額を売り手に支払い、逆の場合は差額を受け取るだけ。この時代にしては驚くほどの効率性です。

「チューリップ・バブル」が面白いのは、史上初の空売りのみならず、史上初の大暴落も起こしたということです。バブルに沸いたオランダの噂を聞きつけ、周辺国からチューリップの球根が持ち込まれ始め、供給が増加して希少性が失われると、価格は当然下落します。

供給が増え続けた結果、1637年2月3日、突然球根の価格が10分の1まで暴落、最終的には「チューリップ・バブル」が起こる前の価格にまで逆戻りしました。これが史上初の大暴落と言われています。

バブル、空売り、そしてバブルの終焉と大暴落。1600年代にすでに起きて経験したことを私たちはまだ繰り返しています。歴史は循環するというか、人間が学習してないだけか、判断は「微妙」ですね。

第1章

空売りの達人になる12の法則

1時限目

株価のサイクルと下げトレンド

すべてのスタートとなる第1章では、サイクルとトレンドを理解して実際のトレードを行うすべてのプロセスをカバーします。まず、株価のサイクルとトレンドを理解しましょう!

難易度
低 中 高

法則1 下げトレンドを理解する

空売りをスタートするために必要な第一歩は、いきなりいくらで空売りに入って、いくらまで持っていくのかを考えることではありません。株価または投資商品の価格にはサイクルとトレンドが存在します。

その2つを正しく理解しないと、いくらで空売りをする以前にそもそも間違ったものに対して一生懸命に空売りを仕掛けることになります。当然、利益は上がらなくなります。利益どころか、むしろ損失につながることもよくあることです。

空売りの達人になる最初の法則、それは下げトレンドを正しく理解することです。問題を解きながら、しっかり身につけましょう。

法則1 トレードのスタートは株価のサイクルとトレンドから

難易度 低

問題1 空売りをスタートする適切なタイミングは？

Q1

株価の動きを見て、サイクルが存在することを確認します。A～Dの中で空売りをスタートするのに適切なタイミングはいつでしょうか。

ヒント

「世界一やさしい 株の教科書1年生」P156
「世界一やさしい 株の信用取引の教科書1年生」P123
グランビルの法則

問題1 株価のサイクルとトレンドを理解する

解答1

A1

答えはC。株価に存在するトレンドの流れを理解して確認しよう。

この問題に解答するためには株価のトレンドがつくられ、発展して、変化していくプロセスを理解する必要があります。**グランビルの法則**でよく知られている株価のサイクルとトレンドについては、「ヒント」にある拙著2冊の「教科書1年生」シリーズで詳しく説明していますが、ここでも簡単にまとめて説明します。

上昇トレンド（1〜3）

安値の切り上げがスタート、高値・安値とも切り上がる動きが続いた後、その動きが変わるまでが上昇トレンドです。下図では**1**から**3**までの動きです。

問題1-1 株価のサイクルとトレンド

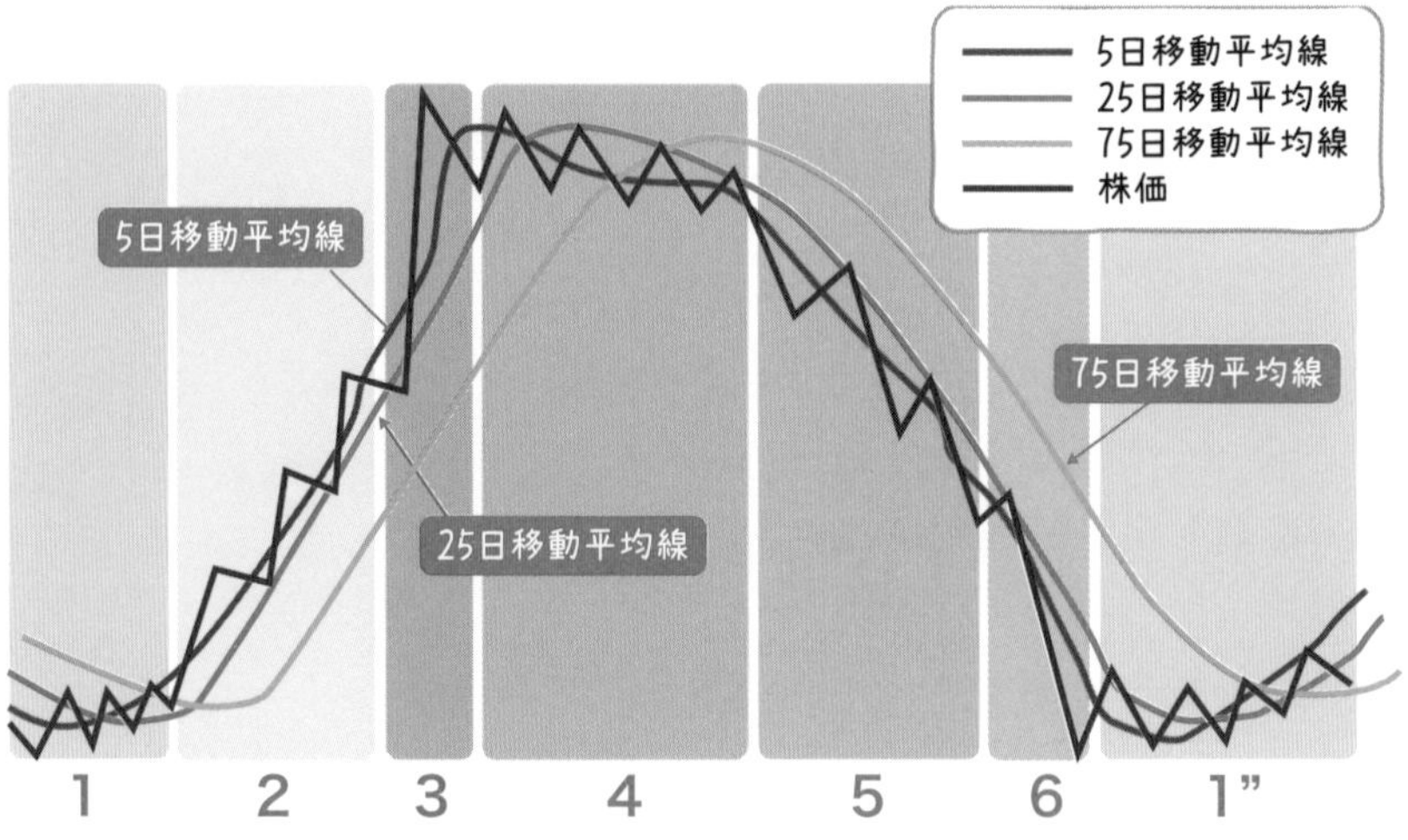

1 上昇のスタート 安値の切り下げが止まり、波が小さいなかでも安値の切り上げが始まります。株価が25日移動平均線と75日移動平均線の間に挟まれて、高値はまだ大きく切り上げないのが特徴です。

2 上昇の加速 株価の動きが活発になって、注目度が高まるので、買っていく投資家が増えます。次第に波が大きくなります。緩やかに上昇しながら安値と高値の切り上げが続き、安値が25日移動平均線付近で支えられて上昇トレンドに戻るのがこのフェーズの特徴です。もちろん、高値と安値は切り上げが続きます。

3 上昇の過熱 メディアで紹介される、ここまでの上昇で注目度がさらに高まるなどして一気に買いが進み、過熱します。フェーズ3に入った途端、波が一直線に近い形で大きくなるのがわかります。緩やかな波が大きくなり、投資家を呼び込むので、初心者が高値掴みをしやすいフェーズでもあります。過熱するフェーズまで進むと、高値掴みをした投資家、フェーズ1から買って利益が乗っていて、利益確定の売りを待っている投資家、下がるときに利益を取りたい空売りのトレーダーなど、あらゆるトレーダーが集まり動きがだんだん荒くなるフェーズを迎えます。

下降トレンド(4~6)

天井を過ぎた株価は、高値の切り下げが始まり、高値と安値を切り下げる動きが続いた後、下げ止まるまで下降トレンドをたどることになります。

4 下降のスタート　前述したとおり、多くの投資家の思いがぶつかりあうフェーズです。少しの材料だけでもすぐ上がる、すぐ下げるなど荒い動きが現れます。特徴は3で達成した高値に届かずに高値の切り下げが始まることです。

5 下降の加速期　本格的に下げトレンドが進行するフェーズです。上昇の継続とは正反対に、1回反発するものの25日移動平均線付近でレジスタンスに会い、再び下がる動きを続けます。高値と安値が切り下げ続けることが最も顕著に現れるところです。また、「ずいぶんと下げてきたので、そろそろ底じゃない？　早いうちに買ってみようか？」と初心者が錯覚に陥りやすいところでもあります。

6 下降の過熱（暴落期）　投資家の恐怖が一気に現れるところです。フェーズ5で錯覚して買ったけど、下げ続けるので怖くなって売り、その売りを見て天井から買ってずっと耐えてきた人たちもパニック的に売り出す、その動きに拍車をかけるように空売りの投資家も加わります。空から落ちるような下げが来ますが、それが一巡すると、これ以上は売るものがなくなるので、少しずつ買いが戻ってきます。

1” 再び上昇のスタートへ　買いが戻ってくることによって下げ止まり、小幅ではありますが安値の切り上げがスタートします。どこかで見たところですね？　はい、1と同じところです。これで次のサイクルがスタートします。

ここまでの説明に基づいて、問題を解いて実践感覚を身につけましょう。

問題1の解説

下図は、下げトレンドのスタートを確認する方法です。ステージ3（上昇の過熱期）から4にかけて下げトレンドがスタートすることを確認することができます。ステージ3で今まで上げていた株価が天井を迎えます。そしてフェーズ4に入って新たに高値を更新することに挑戦しますが、天井まで届かずに下がってしまいます。これが高値の切り下げ1回目です。

そして、もう一度天井の高値を更新するのに失敗する高値切り下げ2回目が現れます。

2回目が確認されると共に25

問題1-2 下げトレンドのスタートを確認

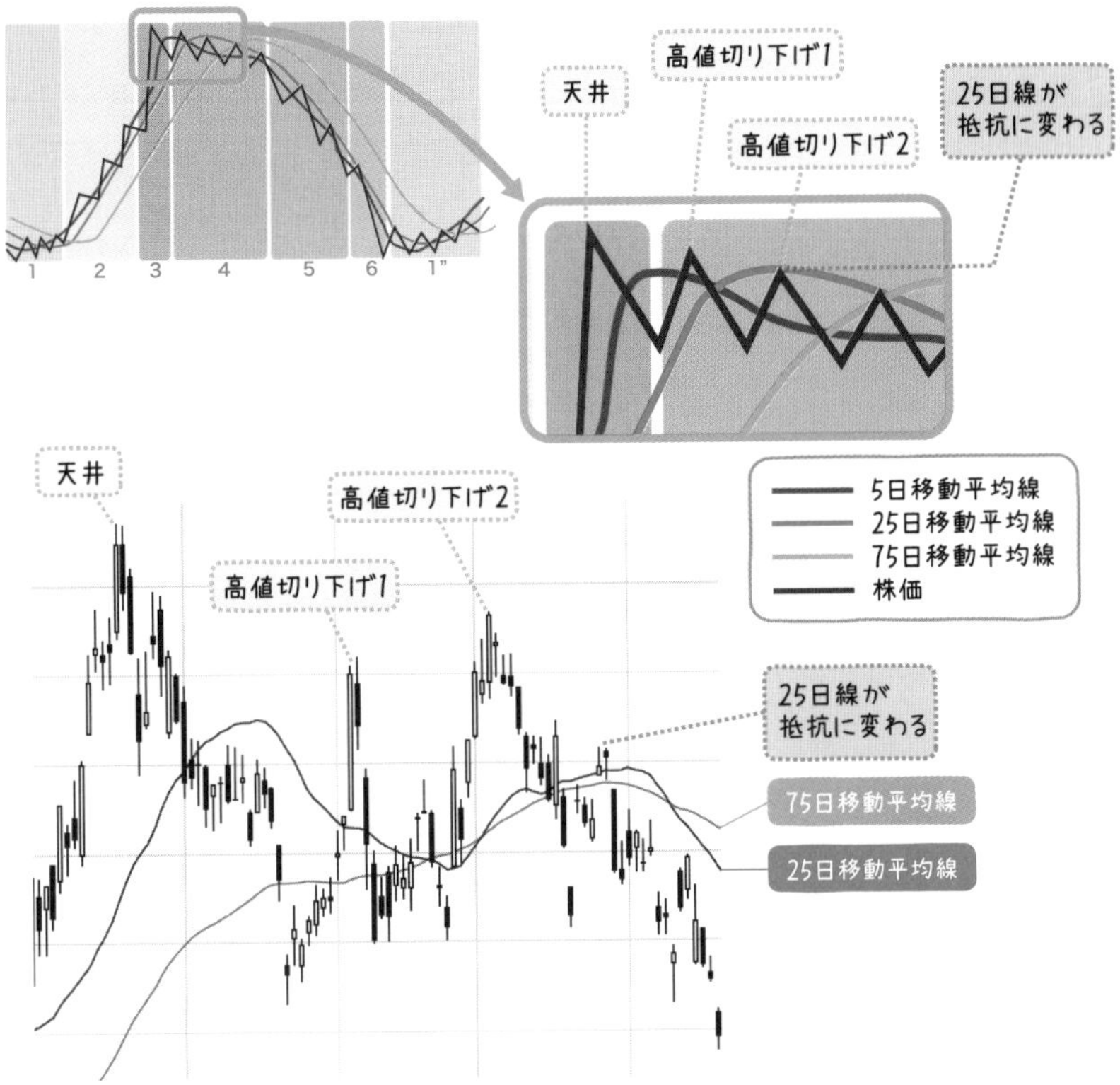

日移動平均線が抵抗に変わることが確認されると、ここからは下げトレンドが始まります。

図の下側の実際のチャートで確認してみてください。問題1のチャートのＢで天井を迎えて、Ｃに入ると高値切り下げが2回現れて、3回目で25日移動平均線が抵抗に変わるのが確認できました。ここから、下げトレンドがスタートすると判定できるので、正解は"Ｃ"になります。

問題 2 異なるパターンもあることを理解する

問題1で説明したのは一般化したモデルなので、現実の株価が必ずしもこのパターンに当てはまらないこともあります。次の問題を通じて、異なるパターンもあることを理解しましょう。

Q2 株価の動きを見て、下げトレンドがスタートして継続する流れを描いてみましょう。

問題2 異なるパターンのトレンド

アイチ コーポレーション、1日、750 始値773 高値776 安値769 終値774 −2 (−0.26%)

💡 **ヒント**
天井から次の高値が必ずしも明確に切り下げないこともあります

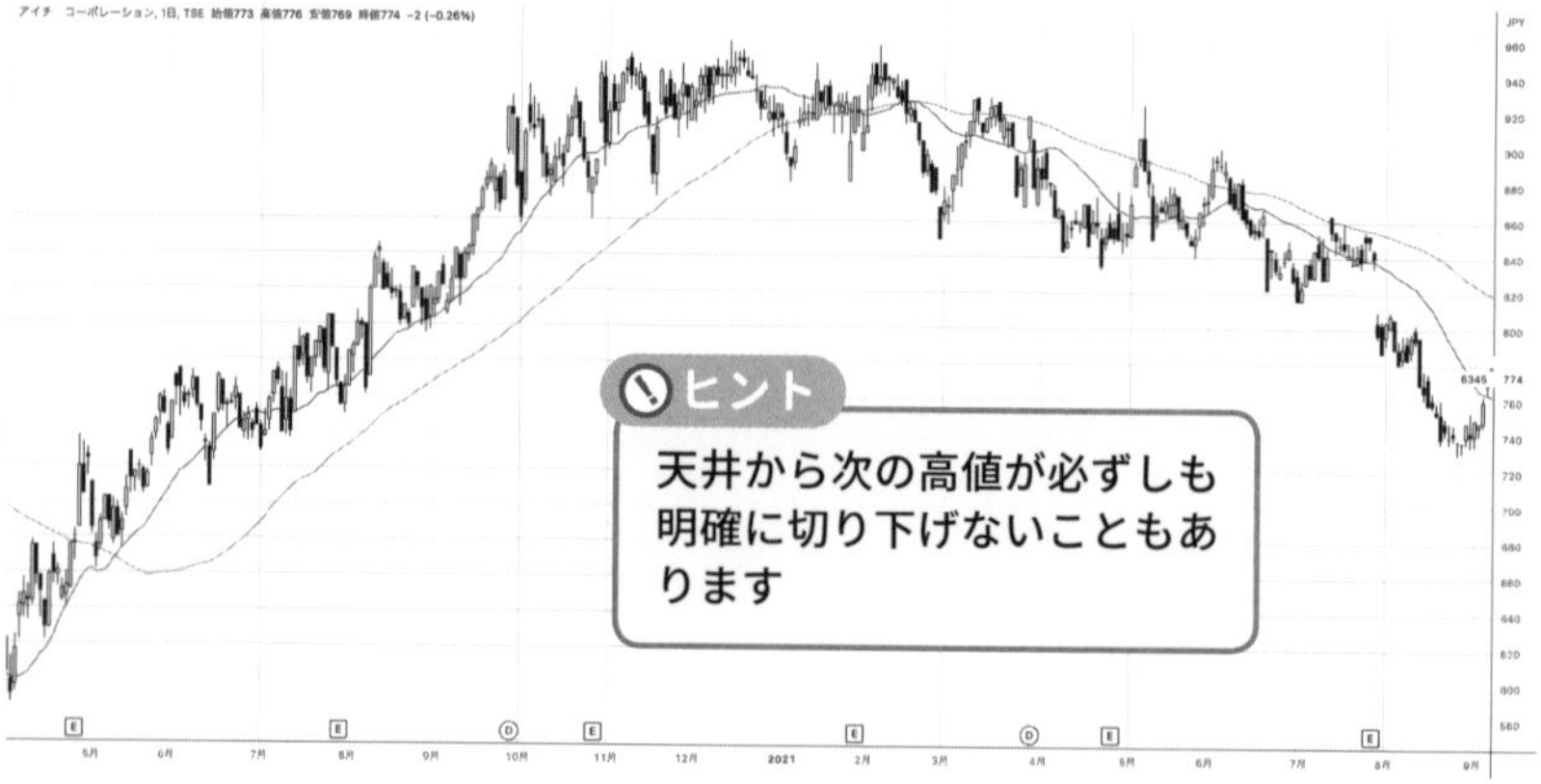

A 2

解答2 天井が一つではない場合も存在するので、複数の天井から切り下げが明確になるところを探す。

これは先ほどのパターンと異なります。まず、下図のAとBの動きを見てください。

Aで天井を形成します。その後、下がってきてから天井を超えることに挑戦をしましたが、失敗します。再び高値更新に挑戦して、Aの近くまで上昇して行くのがBです。

Bの高値が天井のAと並びますが、実は天井をつくるときにはよく見られる現象です。AとBで天井をつくってから明確に高値を切り下げているのがCになります。

このCが止まったところを見ると、75日移動平均線です。これで、75日移動平均線が抵抗に変わって

解答2 天井が一点ではない場合も存在する

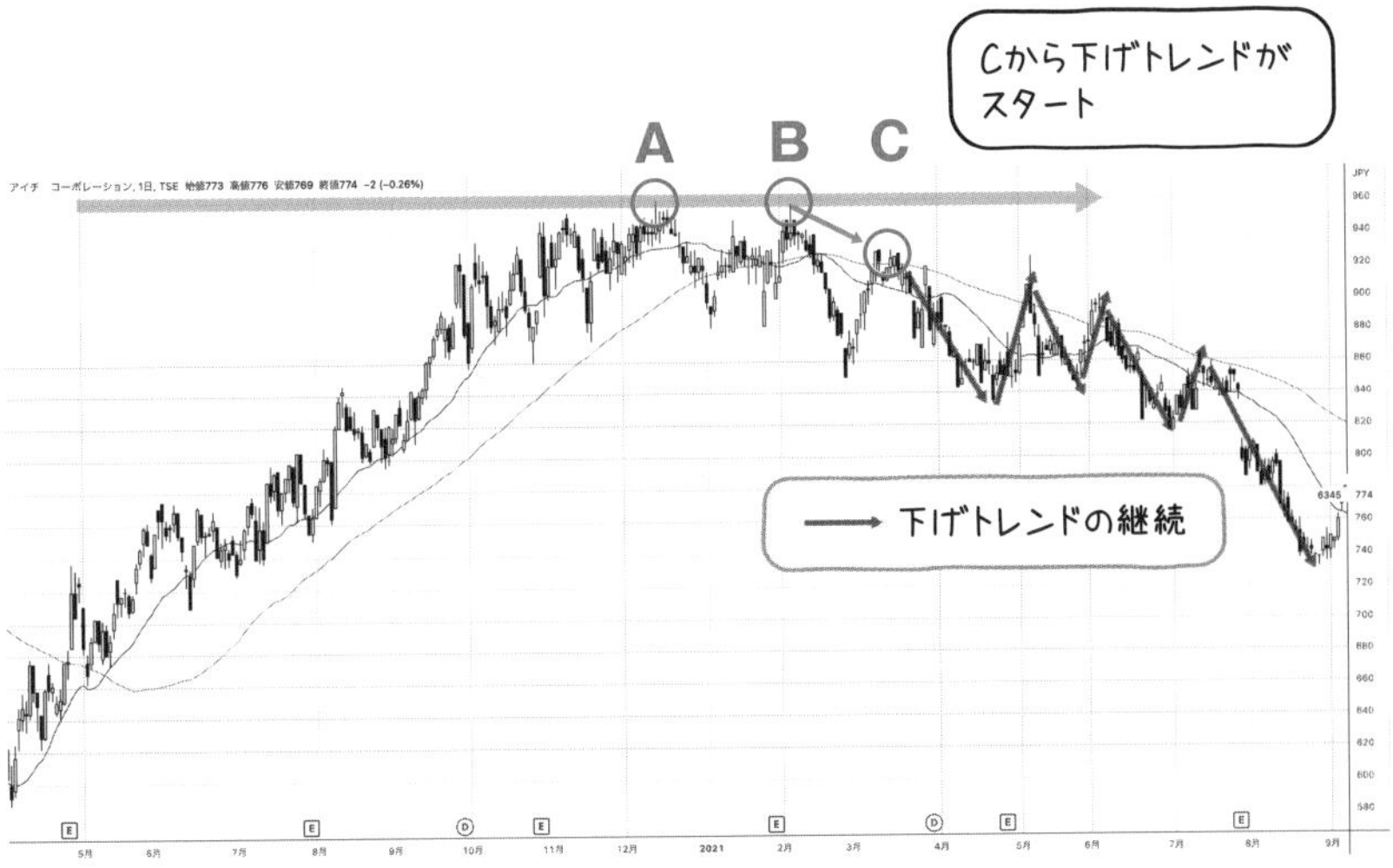

いるのが確認できます。つまり**C**から下げトレンドがスタートしています。**C**の後、高値と安値を切り下げている様子を矢印で示しました。

すべてが一般化したモデルの形になるわけではないことは説明しましたが、大事な確認ポイントは天井の高値を超えることができない、高値を切り下げるところを確認することです。

法則1では株価のサイクルとトレンドの流れを理解することができました。「2時限目」では、いよいよ実際のトレード方法を身につけていきましょう。

この後は、学んだ内容をさらに深められる**【応用編】**を解いていきます。**【応用編】**の解答は書籍でも簡単に説明していますが、より深く、わかりやすい解説を動画でまとめて読者専用の特設サイトで提供しています。

特設サイトは、次のＵＲＬかＱＲコードでアクセスすることができます。ぜひご活用ください。

特設サイト

読者専用の動画にアクセスしよう！

(https://tbladvisory.com/online/courses/book007)

応用編 外国の株式、指数にも使ってみよう

ここまでで学んだ内容は、外国の株式や指数でも使えるのでしょうか？ はい、基本になる部分は全く問題ありません。より上を目指す方は、次の応用問題を解いてみてください。

難易度 中

問題US 海外の株式でもサイクルと下げトレンドを確認

Q US

下のチャートはネットフリックスの株価を示しています。下げトレンドのスタートと進行を書き込みましょう。

問題US 米国株のサイクル

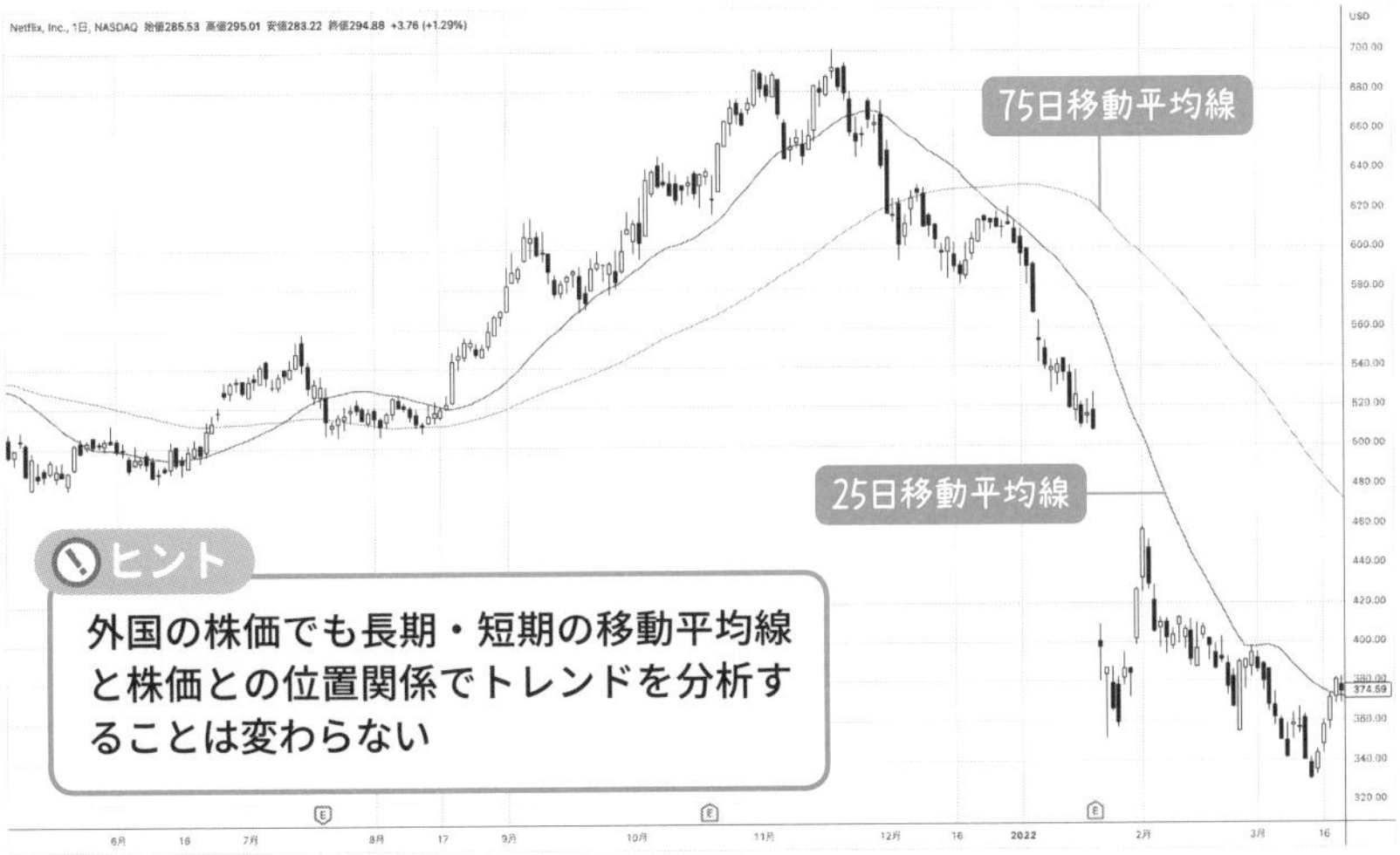

ヒント

外国の株価でも長期・短期の移動平均線と株価との位置関係でトレンドを分析することは変わらない

解答US

A US

見つかりにくいのは高値切り下げの1回目。移動平均線と株価が交差するところをよく見ると、大きなヒントがある。

動画で見る前に簡略に解答を書いています。これは日本株の問題よりも明確でわかりやすい動きでしょう。天井と指定された価格は他の高値を同じ位置になっていない、明確に一番高い位置に来ています。

その後、**高値切り下げ1**となっている下げトレンド準備の地点は、25日移動平均線がレジスタンスになっています。**高値切り下げ1**からもう一度下げて、**高値切り下げ2**になる時は75日移動平均線まで1回戻ってから下がり始めています。

解答US 米国株のサイクル

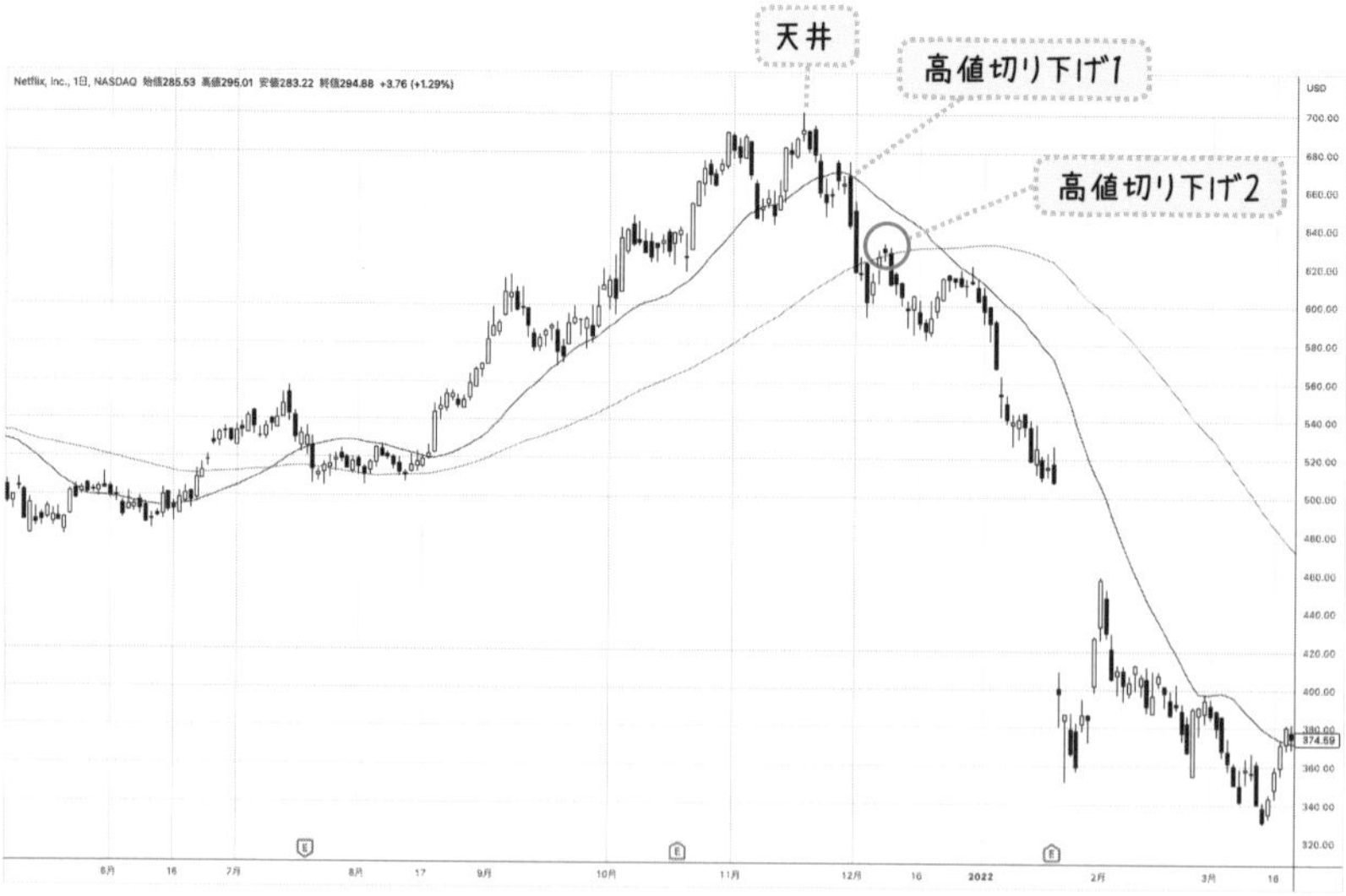

両方ともわかりやすいサインを出しています。その後の動きはご覧の通り、下げが加速して25日移動平均線に戻ることすらままならず暴落しています。

高値切り下げのポイントと移動平均線との関係を必ず確認してください。

難易度 高

SOX指数のサイクル

問題 指数

Q 指数

下はSOX指数の動きを示しています。下げトレンドのスタートと進行を書き込みましょう。こちらも特設サイトで必ず確認してください。

問題 指数 SOX指数のサイクル

ヒント

SOX指数（フィラデルフィア半導体株指数）は米国の主要な半導体関連銘柄で構成された株価指数。近年は、日本株に大きな影響を与えると注目されている

解答 指数

A 指数

全体的に激しく動くように見えるところも、高値と安値の波に注目すると、意外と単純な線で表すことができる。

SOX指数はフィラデルフィア半導体指数と呼ばれ、NASDAQが算出、公表している株価指数です。半導体の設計・製造・流通・販売を行う企業30社で構成されますが、米国の企業のみとは限りません。実際の例として、日本でも有名な台湾企業TSMCもSOX指数を構成する銘柄の一つです。

解答を見ると、問題2と似ているのがわかります。天井となっているところは短い期間で前回と並ぶ高値をもう一度つくってから、ようやく高

解答 指数 SOX指数のサイクル

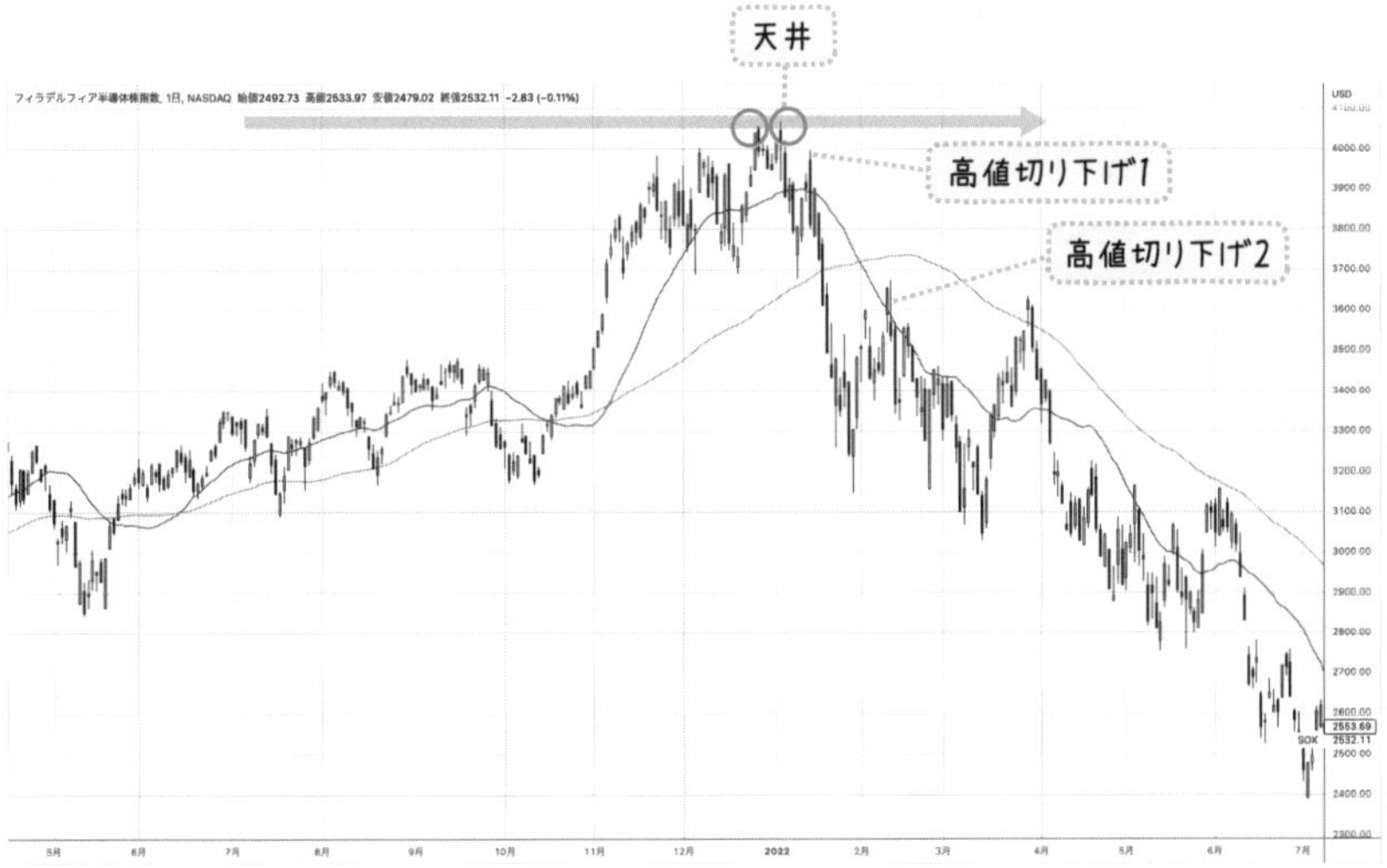

値切り下げが始まっています。こちらは高値切り下げ1以降、いきなり下げが加速しています。

ＳＯＸ指数は半導体関連銘柄の動きに影響することで、日本市場にも大きな影響を与えるので、日頃から参考にしてチェックすることをおすすめします。

1時限目のまとめ

- サイクルとトレンドの違いを明確に言えるようにしましょう！
- 下げトレンドにもフェーズがあり、各フェーズによってトレード戦略が異なる
- 異なる時間軸、金融商品でもサイクルとトレンドは存在して、トレードに使うことができる

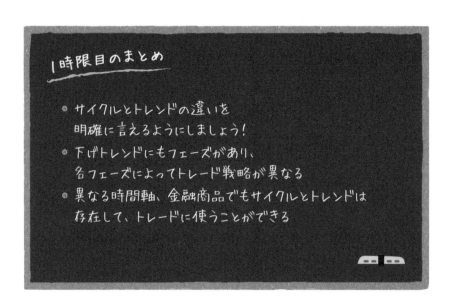

Column 2

空売りは悪か？

空売りについて「悪いかどうか」という議論は、空売りという概念が生まれる段階からすでに金融市場や投資家の間で長年続いているものです。一部の人々は、空売りが市場を不安定化させ、株価を下げ、企業や個人の財産を奪うことができると主張するので、「空売りは悪」と主張します。

空売りは市場や投資家のために必要

空売りに関する解説本と練習帖を出しているくらいなので、ここにきて「空売りは悪です！」と言うはずがないと思いませんか？　はい、私は空売りが市場のためにも投資家のためにも必要だと強く信じています。

筆者が空売りは必要だと思う理由は、空売りを悪だと主張する理由に対する反論でもあります。空売りにより株価が急落し、市場が混乱する可能性があるというのが、空売りは悪という理由の一つになっています。私はその反対に、空売りが市場を効率的に働かせることができると信じています。

実際の価値を反映した株価が形成される

空売りによって、企業の実際の価値を正確に反映した株価が形成されるというメリットがあります。例えば、企業が実際に価値を生み出していないのに価格が過剰に高くなっている場合、空売りはその矛盾を露呈することができ、これによって市場が効率的に働くということがあります。

わかりやすく言えば、それらしい数字を並べて投資家を欺く企業も鋭い目を持つ専門家により暴かれ、本来あるべき価格まで戻るということです。代表的な例がヒンデンブルグ・リサーチによる米国電動トラック新興企業ニコラへの暴露です。

投資家のニコラ社への期待とその業務実態

ヒンデンブルグ・リサーチは米国の投資調査会社で、非常にユニークな調査を特技としている会社です。同社は株式市場における不正行為を暴露することを目的とし、調査対象企業の不正行為の証拠を収集し、その証拠を元に調査報告書を作成・公表します。そして、調査対象企業に対して自ら大量に空売りを仕掛けて、その事実まで公表してしまいます。

2020年9月に暴露の対象となったニコラは新興のEVメーカーとして脚光を浴び、2020年6月に特別買収目的会社（SPAC）との合併により株式上場して、投資家たちの期待を集めていました。どれだけの期待かというと、実際の自動車を一台も売ったことのない企業が、時価総額で一時フォード・モーター・カンパニーなど業界大手を超えるところまで伸びました。

しかし、上場から3カ月ほど経った9月10日にヒンデンブルグ・リサーチが67ページに及ぶ報告書を公表します。

ニコラ社の創設者であるトレバー・ミルトンが同社の技術や製品の実績を誇張していたとして告発、具体的にはニコラ社が電動トラック「Nikola One」のプロモーション動画で実際には動いていないトラックを下り坂で転がす映像を使用していたことなどを赤裸々に発きました。報告書の発表後、ニコラ社の株価は急落し、ミルトンはCEO辞任に追い込まれました。さらに、米司法省と証券取引委員会（SEC）がニコラ社に対する調査を開始し、ミルトンは有罪判決を受けます。

動かない車で投資家を騙していた会社の株価がフォード・モーター・カンパニーを超えることと、空売りによってでも正常な価格に戻ること、どちらが正確な企業価値を反映しているのでしょうか？　この報告書がなければ、事態はより大きくなり、エンロン事件のように多くの投資家が破滅的な被害を受けたことも考えられます。

これが、筆者が空売りは市場を効率化すると信じる理由です。空売りに対して罪悪感を感じるあなた、そこまで悪くはないかもしれませんよ！

ヒンデンブルグ・リサーチの社名の由来

ヒンデンブルグ・リサーチという社名は1937年に爆発・墜落して40人近い死者を出したドイツの飛行船ヒンデンブルグ号から由来しています。レッド・ツェッペリンの世紀の名盤「Led Zeppelin I」のアルバムカバーとしても登場するあの有名な飛行船です。ヒンデンブルグ号事故をヒューマンエラーの象徴として捉え、実は回避は可能であるという意味で命名しています。

ここではニコラの例だけで紹介していますが、実は同社は大企業をも震え上がらせる実績をもっています。ブルームバーグ・ニュースの算出によると、ヒンデンブルグ・リサーチが2020年以降に狙いを定めた約30社は、問題指摘の翌営業日、株価は平均約15%下落し、半年後には26%値下がりしています。

2023年1月にはインドのコングロマリット、アダニ・グループに対するレポートを公開し、「アダニショック」と言われるほどのインパクトを与えました。アダニ・グループを率いるゴータム・アダニ氏は当時世界4位の資産を持つ大富豪です。

いつ標的にされるかわからないので、大企業には目障りのような存在かもしれませんが、真っ当なビジネスをしていて、投資家に正確に情報を与えているなら、怖いものはなにもないでしょう。

2時限目
下げトレンドスタートの空売り戦略

サイクルとトレンドが理解できたら、いよいよ空売りのスタートです。
ここでしっかりスタートのタイミングとトレードポイントの設定を覚えましょう！

難易度
低 中 高

法則 2 最初の売り戦略タイミングを見つける

下げトレンドのサイクルは大体理解することができました。ただし、サイクルを理解するのと実際にトレードができるのとは全く別の話です。

下げがスタートするのはわかるけど一体いくらで空売りを仕掛けて、いくらで撤退をするのか、そしていくらになれば利益を確定していいのか？

これらの質問に対して明確に答えることができなければ、トレードをスタートするべきではありません。ここからは、実際のチャートを見ながら下げがスタートする地点を見極め、空売りのトレードポイントを明確にしましょう。

法則2
最初の売り戦略は高値の切り下げで極める
⬇ 下向きのチャートで売買ポイントを見つける

難易度 低

問題1 空売りをスタートしていいのか？

Q1

株価は現在、今日を示すT時点にあります。T時点の今日、この銘柄は空売りを仕掛ける銘柄として検討しても良いでしょうか？

その理由をサイクルに基づいて説明してみましょう。

問題1 空売りのスタートを確認

ヒント
高値の切り下げは一回だけでは不十分で、再び天井を超える可能性もあります

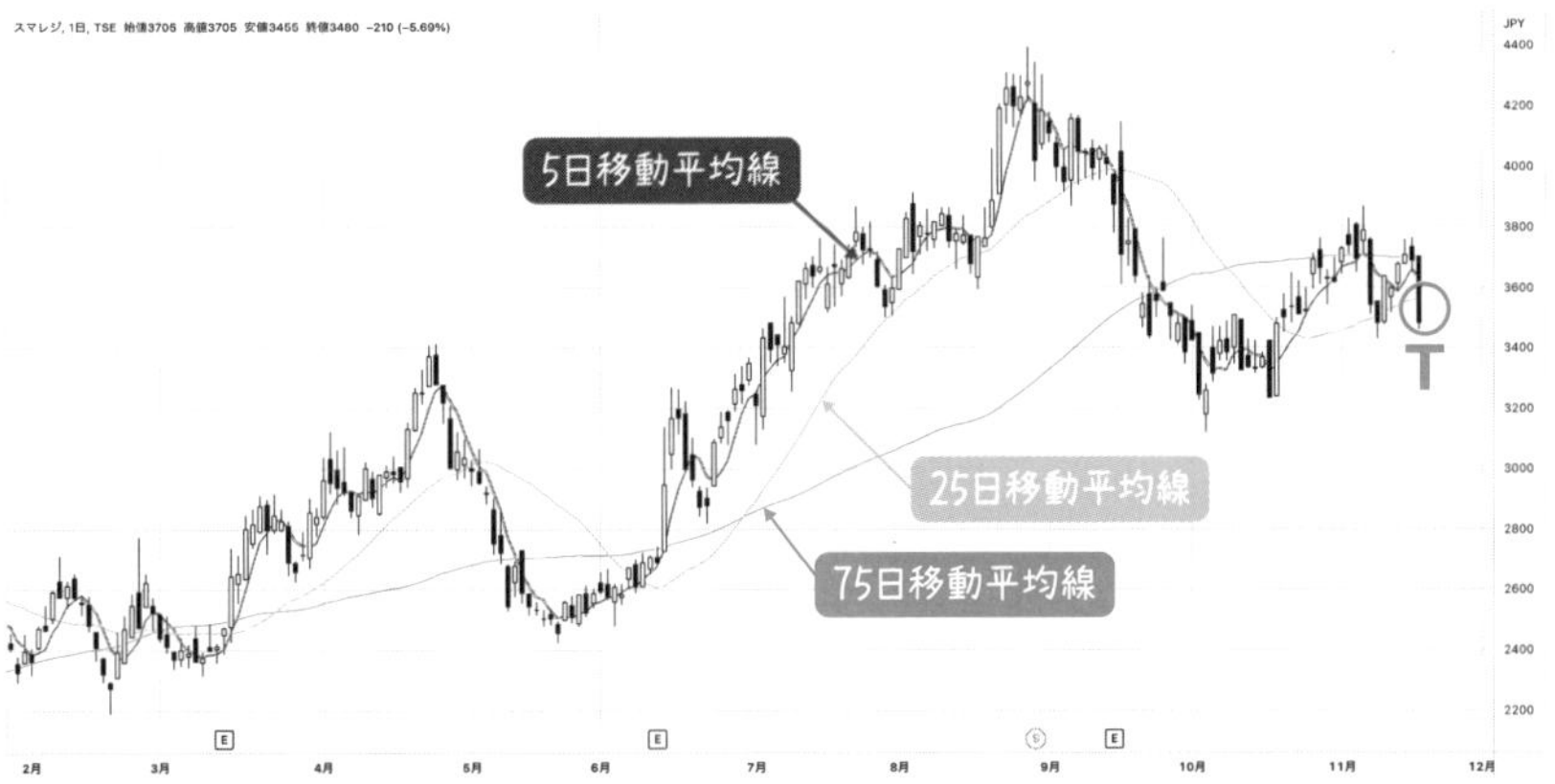

解答1

A1 答えはYES。仕掛けていい。高くなる動きが継続しているのか、止まったのかを確認する。

まず、この銘柄がたどってきた道を確認してみましょう。

下図を見ると、3月以降、底値圏を抜け出してから大きく上げて、9月のピークを迎えるまで上昇を続けます。

変化が現れたのは、10月に入ってからです。

6月以降、9月の天井に到達するまで1回も前回の高値を下回ることはありませんでしたが、Aの次に現れた高値BはAに届かず、切り下げています(高値の切り下げ1回目)。

これで、高値を更新し続ける動きが止まったことを確認できます。

解答1 天井と確認とスタートポイント

続いて短期間で下げてから、もう一度上昇してCに到達しました。明日もし反転してCの安値を割り込むと、高値をもう一度切り下げることになります。

よって、この時点はまだ空売りを仕掛けるタイミングではなく、明日以降の動きによって決まる重要な分岐点だというのがわかります。

具体的にいくらで空売りで入る・入らない以前に、大きく見てまず空売りに適しているかを確認することが最も大事です。

難易度
低 **中** 高

法則 3 空売りの売買ポイントを見つける

それでは、法則2のCの時点で必要なことは何でしょうか？

答えは簡単です。

拙著「世界一やさしい 株の信用取引の教科書1年生」で説明している通り、下から上に向かってのトレンド転換線を描くことです。

空売りのスタートを判断するのはもちろん、トレードする価格、目標価格の設定まであらゆる場面で活躍する魔法の線をどのように活用するかを、問題と共に学んでいきましょう。

法則3

空売りの売買ポイントは線一本で決める

⬇トレンド転換線を引いて下への転換を確認する

難易度 中

問題2 空売りのスタート可否を一本の線で確認

Q2 下げトレンドのスタートが確認できたC時点から空売りのスタートを決められるトレンド転換線を描いてください。

問題2 空売りのスタート可否を線一つで確認

ヒント
「世界一やさしい 株の教科書1年生」P173
「世界一やさしい 株の信用取引の教科書1年生」P150
トレンド転換線

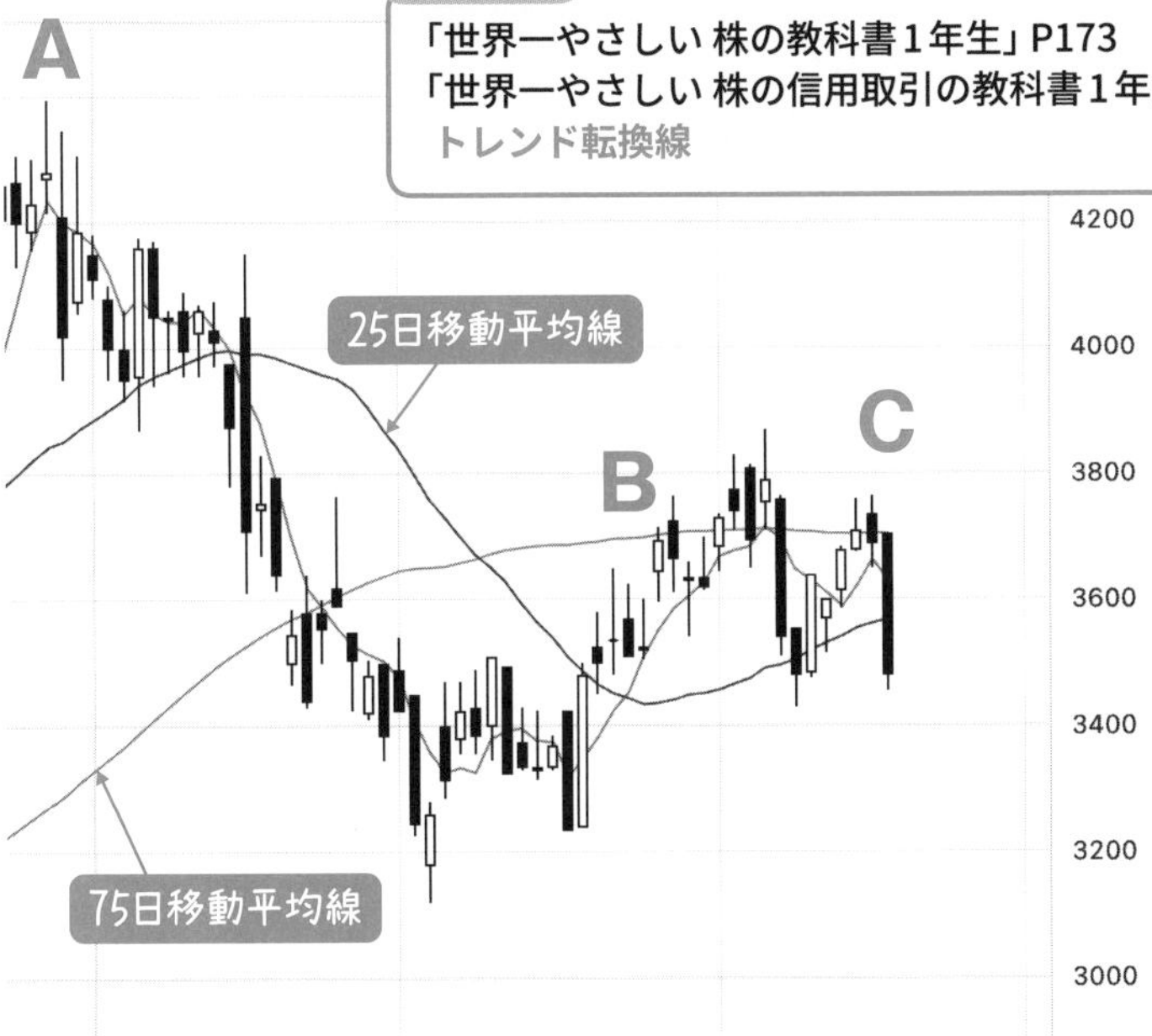

解答2

A 2

下から上に向かってトレンド転換線を描き、トレンドが転換したことを確認する。

下図のC部分を拡大してみると、描き方がよくわかります。

トレンド転換線を描いたCの時点では、すべての日足が転換線の上にあって、割り込んでいません。いよいよ翌日、大きな陰線が出てトレンド転換線の下に来ます。これが「**下に向かってのトレンド転換**」です。

これでCは高値の切り下げ2番目になり、これを持って空売りにエントリーしてもいい銘柄として確定します。

解答2 空売りのためのトレンド転換を確認

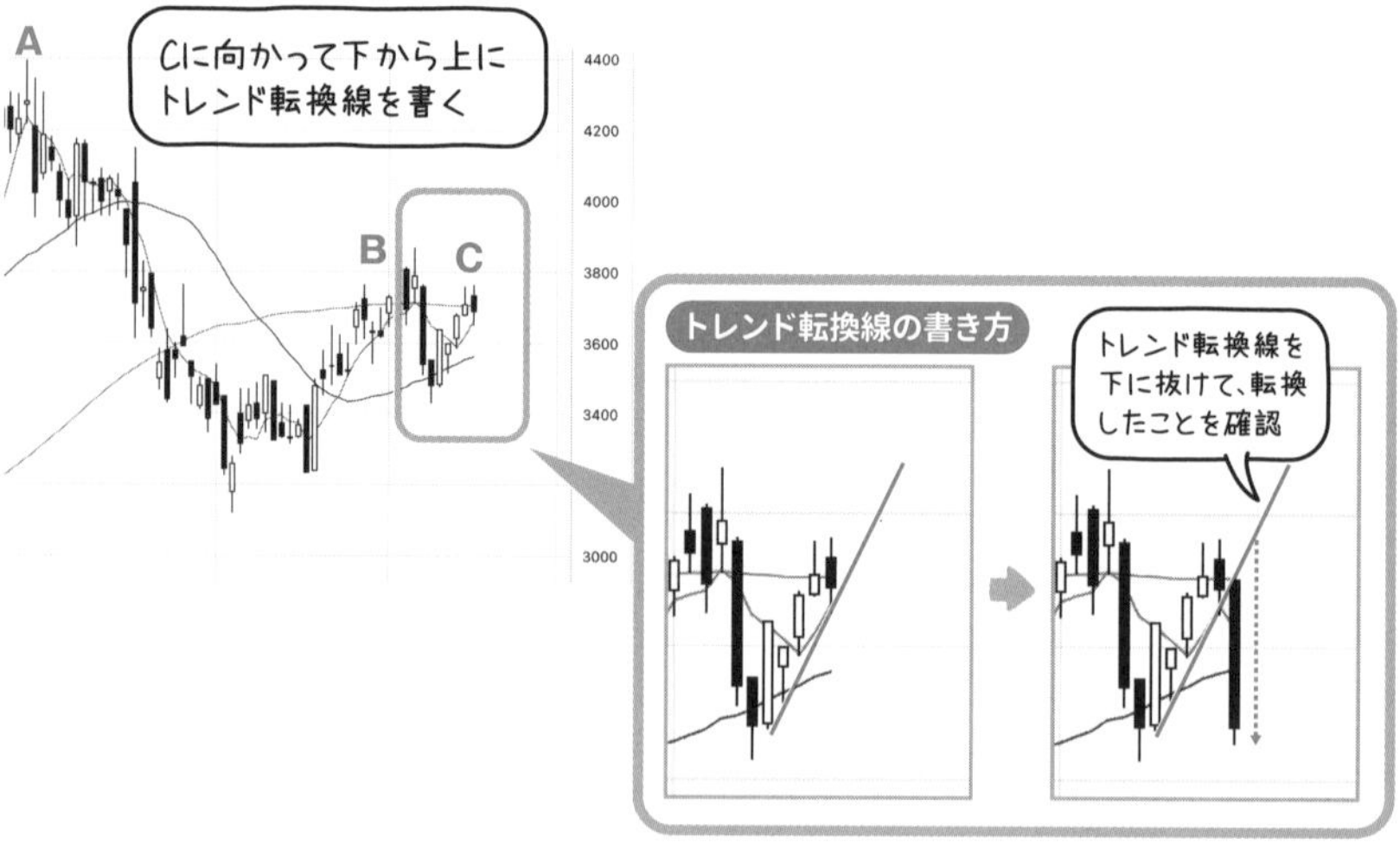

参考
下から上に向かうトレンド転換線の描き方

筆者が**魔法の線**と呼ぶトレンド転換線の描き方は複数の著書で説明していますが、前作を持っていない、あるいは忘れたという方のために、次ページで簡略に説明します。

各書籍の読者特典サイトでは動画でわかりやすく説明していますので、まだの方はぜひ書籍と動画を参考にして身につけてください。

応用編❶ 他の金融商品、株式でもトレンド転換線が描ける

トレンド転換線は他の金融商品、株式でも有効でしょうか?

もちろん、有効です! より上を目指す方は、次の応用問題を解いてみてください。

本書の**特設サイト**でこちらの応用編の解説も動画で見ることができます。

ぜひご活用ください。

参考 下から上に向かって描くトレンド転換線の描き方

Step 1

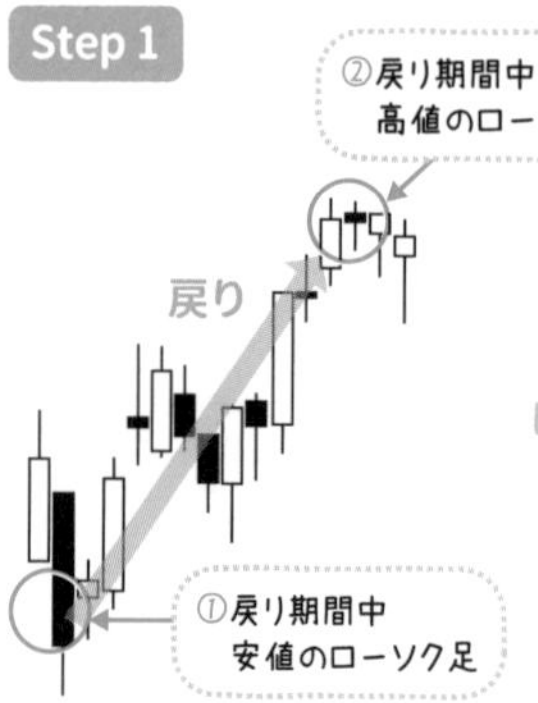

Step 2

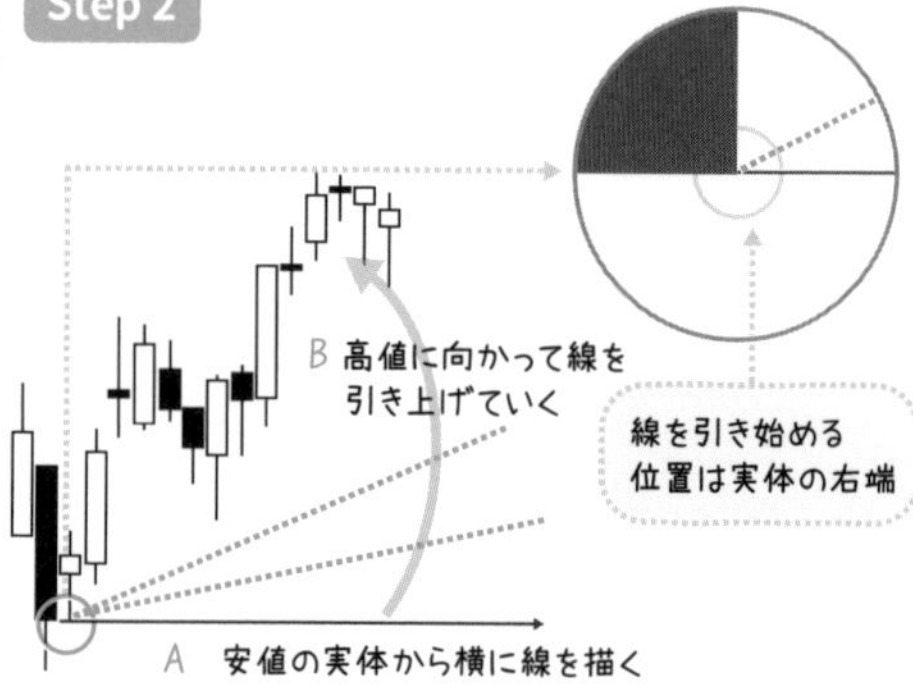

1 戻りが終わりトレンド転換を確認したい期間において、直近の高値と安値を探す。

2 直近安値の実体から線を引き、高値に向かって引き上げていく。
線を引き始めるのは実体の下の右端。

Step 3

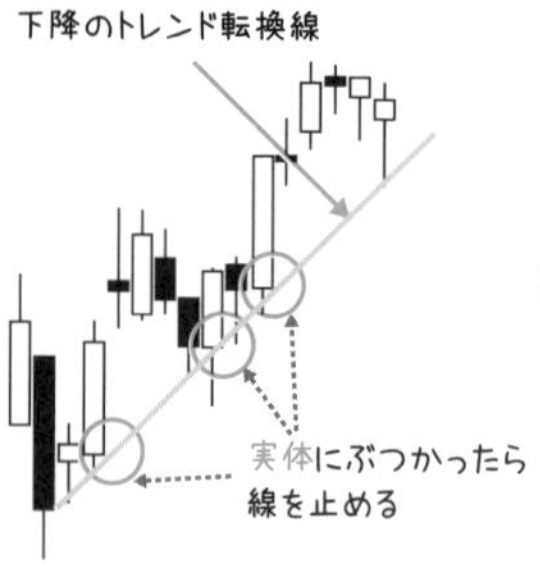

Step 4

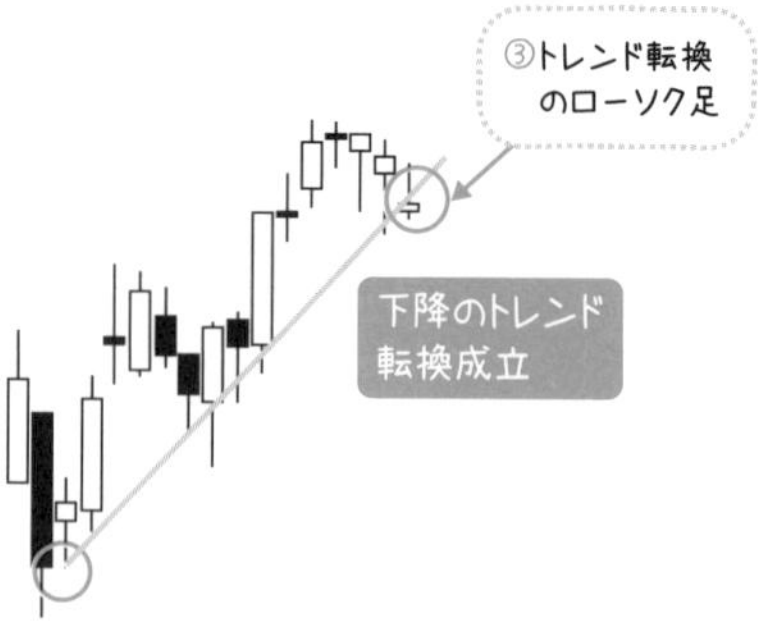

3 引き上げていく途中で、ローソク足の実体にぶつかったら線を止める。この線を下降のトレンド転換線と呼ぶ。

4 ローソク足の実体が、下降のトレンド転換線を上から下に抜けると、このローソク足を下降トレンド転換のローソク足と呼び、この日を下降トレンド転換をした日と定義する。

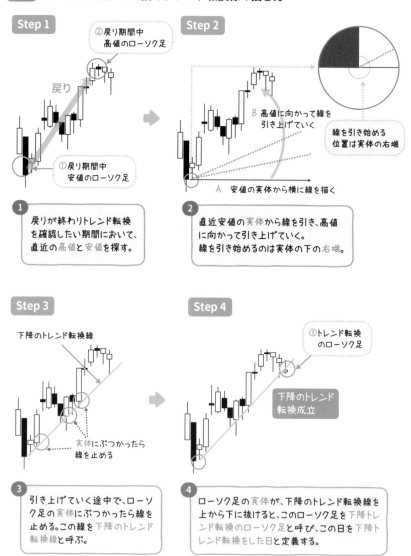

難易度 高

応用 トレンド転換線の描き方を他の金融商品・銘柄でも練習

Q 応用

複数のチャートでトレンド転換線が描けるところを見つけて、描いてください。

応用 問題1 FXへの応用

応用 問題2 別の銘柄への応用

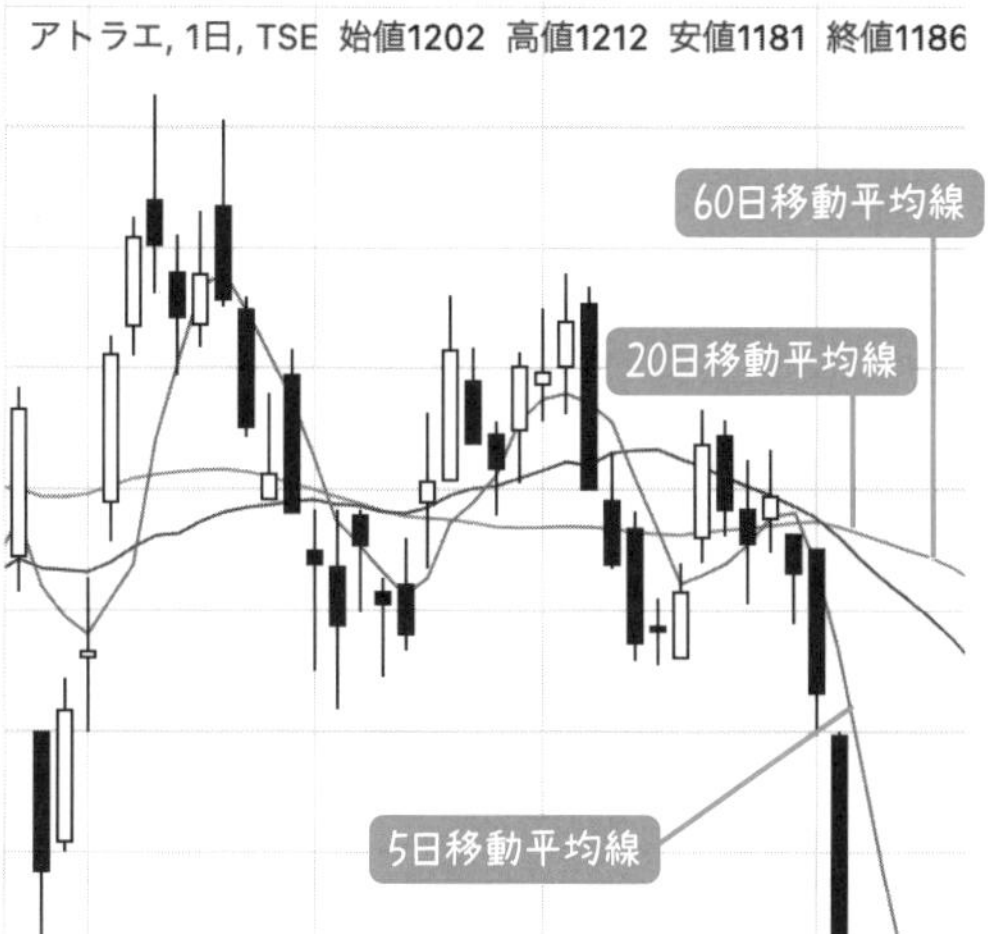

解答

A 応用

代表的・目立つところに、トレンド転換線を描いてみよう。

トレンドが変わるところをうまく捉えることができましたか？　細かく見ていろいろなところに線を描いてみるのはいいですが、大事なのはトレンド転換線の本来の目的を忘れないことです。

本来の目的はなんでしょうか？　それは、明確にトレンドが変わるところを見つけることです。反発していた流れが止まり、下に向かってトレンドを変えた瞬間、下がり続けていた流れが止まって上に向かう動きに変わった瞬間など、トレンドが入れ替わるポイントを捉えるようにしましょう。

応用 解答1　トレンド転換線の描き方（FXへの応用）

前ページのユーロ・ドルのチャートでは、トレンド転換1を境に平らだった移動平均線を下に抜けて、下げが加速する転換を捉えています。

トレンド転換2では緩やかに戻りを試していた流れで行き詰まり、再び下げトレンドに転換するポイントを捉えています。簡単な線一本ですが、その線一本が大きな利益をもたらしてくれるなら、描いてみる価値は十分ありますね。

下の株式のチャートでは、短い反発が急激に止まって、下に向かってトレンド転換するポイントを捉えています。

3の反発する期間はある程度ありましたが、4に至っては2〜3日でトレンドが変わり、その後の暴落につながっています。

こちらも的確に空売りを設定できていれば、大きな利益を得ることができたポイントです。

応用 解答2 トレンド転換線の描き方（別の銘柄への応用）

難易度
低　中　高

法則 4

空売りのエントリー価格を1円単位で決める

トレンド転換線の描き方を覚えて、下げトレンドに変わったことを判断することまでできたので、空売りを仕掛ける環境は整いました。問題は仕掛ける際の価格をいくらにするかです。

では、次の問題を解きながら実際のトレードポイントを明確にしましょう。

法則4

トレンド転換した安値を下回るところが空売りの価格

⬇ 実際の売買ポイントを一人で決められるまで

難易度 高

問題3 空売りのトレードをスタート、正しい価格の設定

Q3

次の価格情報を使って、空売りを仕掛ける価格を設定してください。

3-1 空売りのエントリー価格は？

3-2 ロスカット（損切り）の価格は？

問題3 空売りのトレード価格設定

ヒント

高値が並ぶ、安値が並ぶなどについてもすでに学習済み。呼値単位には注意しよう

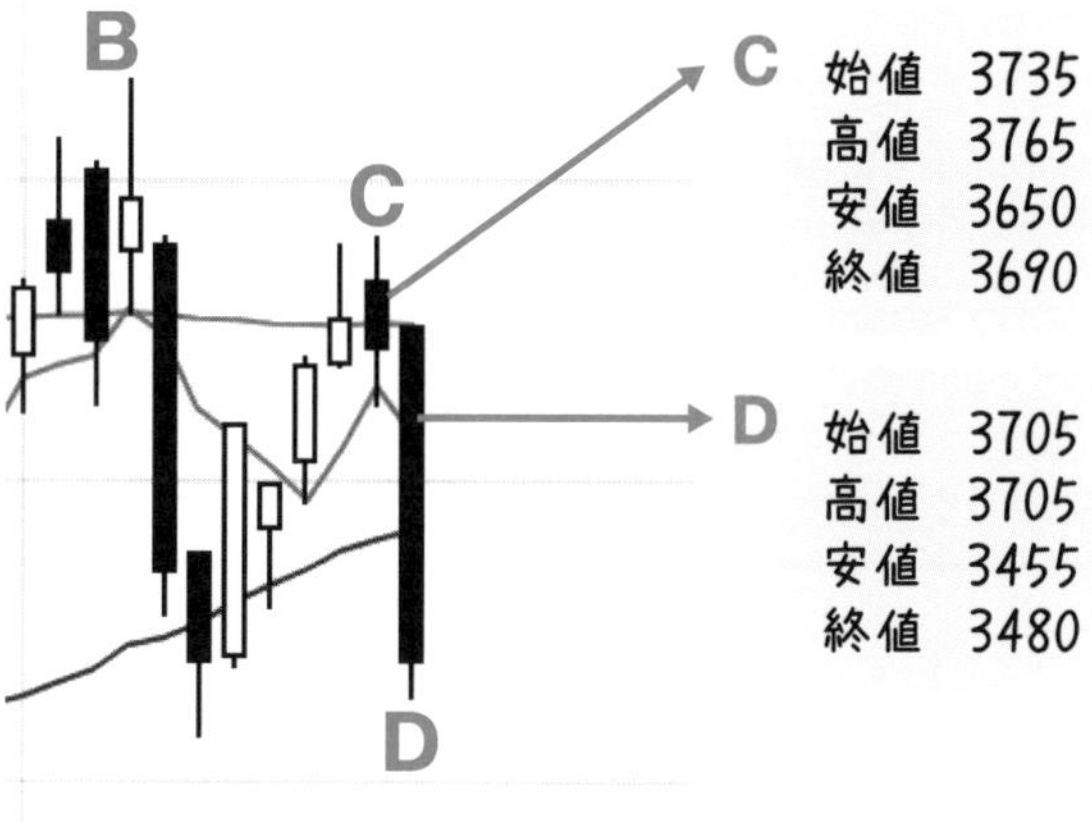

解答3

A3

空売りのトレードスタートがわかると、必ずロスカットもわかる。
3-1 3450円以下になる
3-2 3775円以上になる

Cの高値から下に向かってトレンド転換したのが、Dの日足です。明日以降、下げトレンドが継続する場合は、Dの安値を割り込んで下がっていくはずです。

よって、空売りで入る適切なポイントはDの安値ではなく、その安値を1円でも下回るところです。

空売りで入るポイントは、次の公式を覚えてください。

トレンド転換の安値－1呼値単位

この銘柄の場合、価格情報から読み取れるように5円単位で

解答3-1 空売りエントリーポイントの設定

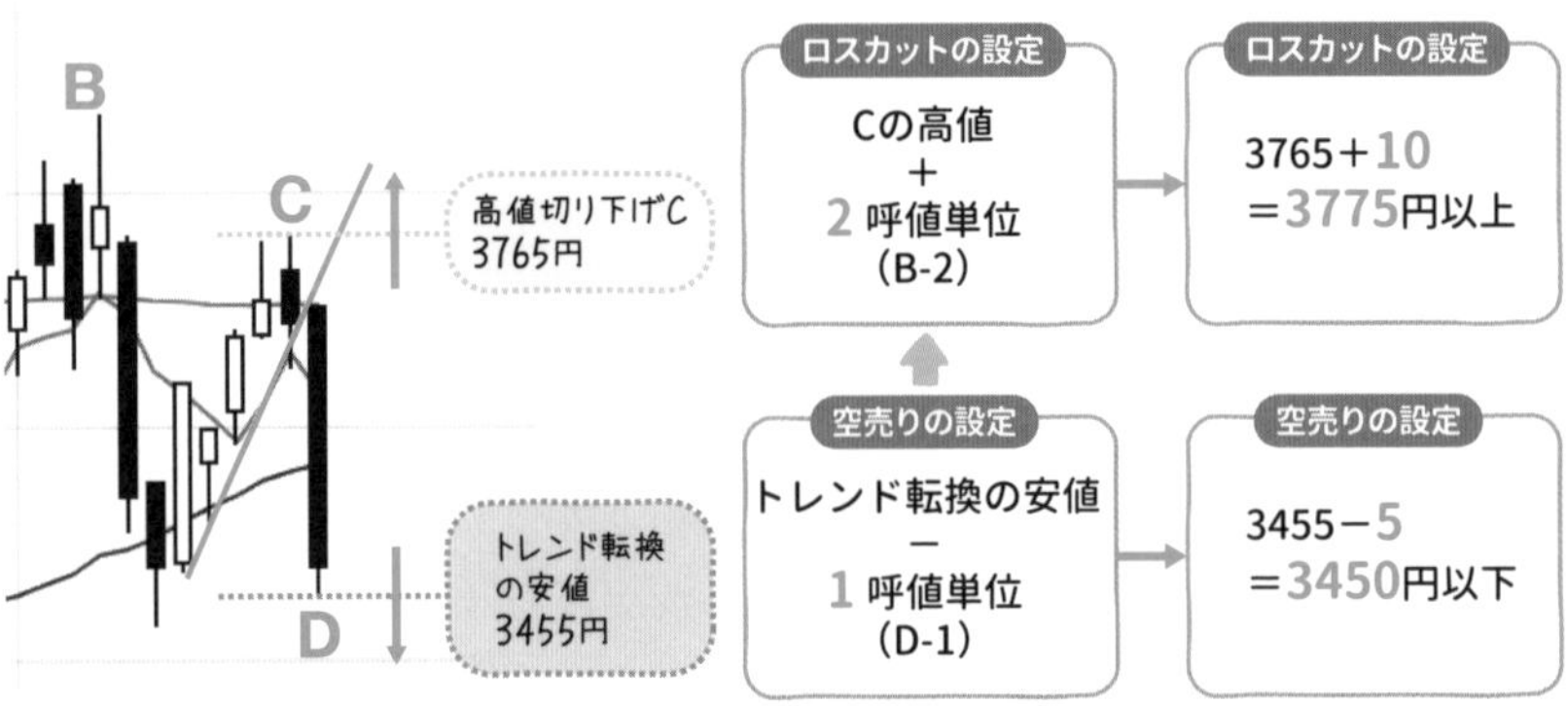

注文できるのがわかります。これが**呼値単位**《よびねたんい》です。当てはめると、Dの安値3455円から5円を引いた3450円がエントリーポイントになります。

次は、考えた方向とは反対に行ってしまった場合、損失が膨らむ前に損失を限定しておくポイントの設定です。これが**ロスカット**です。では、ロスカットするポイントは？

まず、自分自身に聞いてみてください。空売りをした場合、どのようになったら逃げ出したくなるでしょうか？

正解は下に向かってのトレンド転換を確認するときにつくられた直近の高値、つまりCを超えてきたときです。なぜか？ Cの高値を超えたというのは、高値の切り下げが継続するという下げトレンドの前提が崩れたことになります。当然のことながら、空売りをしたトレーダーたちが慌てて買い戻しを急ぎます。この場合は少しだけ余裕をもたせて、Cの高値から2呼値単位を超えてくると買い戻しをします。

これが、空売りのロスカットポイントの公式です。

トレンド転換の高値（C）＋2呼値単位

実際の数字を当てはめてみると、Cの高値3765円に10円を足して、3775円以上になったら成行で買い戻しをしてロスカットします。ここまでできると、下げトレンドがスタートするサイクルでのトレードポイントはばっちりです。その次は？ もちろん実際の利益を取りにいくことですよ！　そのためには、この注文がちゃんと約定するのか、約定してからメンテナンスしていくことが肝心です。

設定した後はメンテナンスが大事

空売りの注文を設定した翌日からは、毎日チェックして約定したかを確認します。

下図の左側のように、この場合は翌日に下がって空売りの注文がすぐ約定した例です。しかし、場合によっては2、3日か、それ以上かかることもあります。

続きを見ると、約定した次の日から本格的に下げトレンドに乗って下がっていきます（下図の右側）。

では、下がっていくときのメンテナンスというのはなんでしょうか？　今度は上から下に向かってのトレンド転換線を引いて、この下げトレンドがいつ止まって反発するかを確認することです。

解答 3-2　空売りエントリーの確認とその後の推移

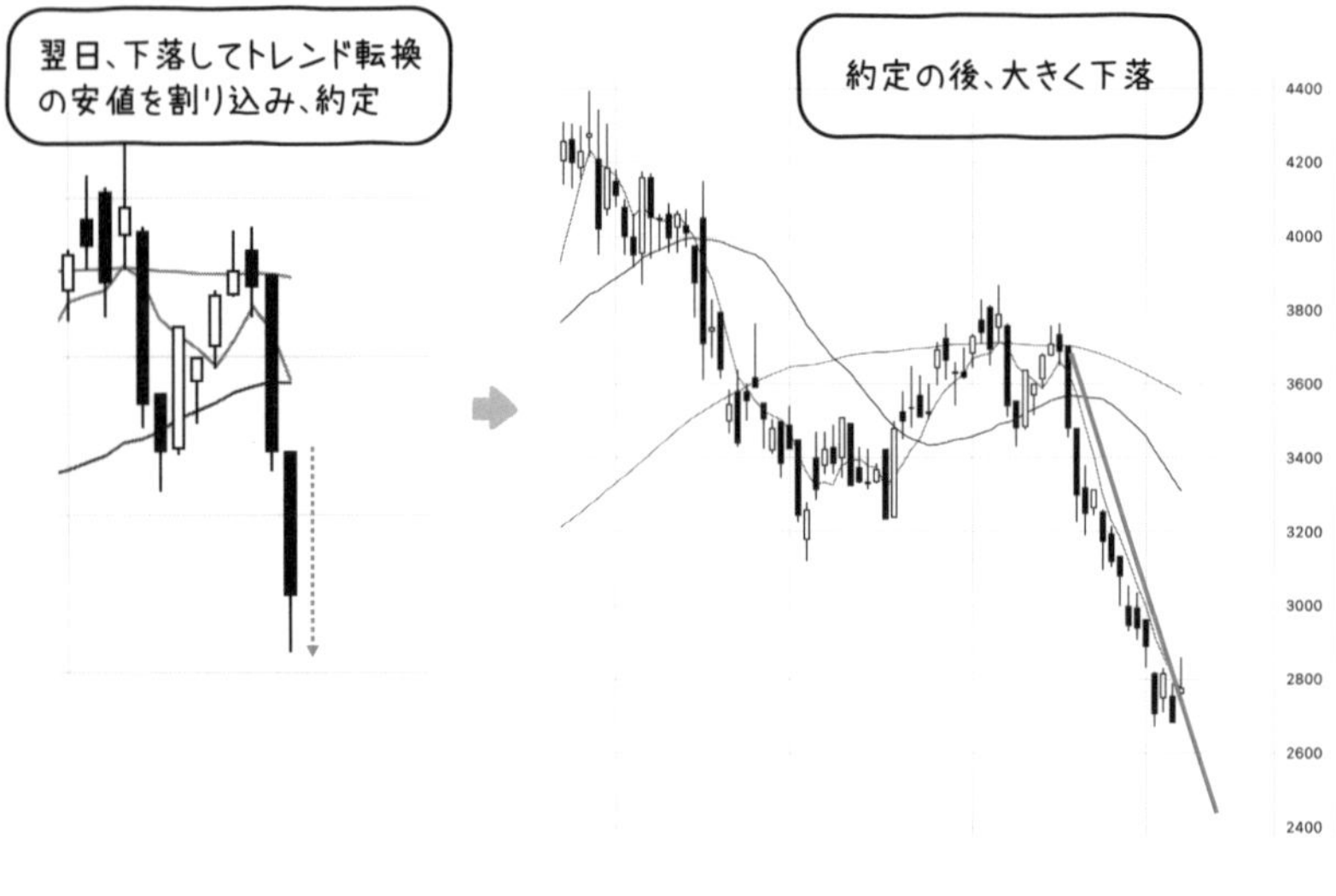

前ページの図の右側に描いている線が、そのトレンド転換線です。

ここまでで空売りのスタートを確認して、トレードポイントを明確にすると共に、利益を伸ばしていくことまでできました。

「3時限目」では、ここで紹介したトレードの注文を実際にどのように行うのか、利益確定はどのように行うかを学びます。注文を実行するのも大事なスキルなので、必ず通して読んで実践してください。

応用編❷ 他の金融商品、時間軸にも使ってみよう

ここで学んだ内容は他の時間軸、金融商品でも使えるのでしょうか。より上を目指す方は、次の応用問題を解いてみてください。

本書の**特設サイト**にアクセスして読者登録をすると、応用編の解説を動画で見ることができます。ぜひご活用ください。

難易度 高

問題FX ユーロ・ドルの空売りポイント

下はユーロ・ドルの日足チャートです。ここで勉強したことに基づいて問題を解いてみましょう。楽しい結果が待っているので、特設サイトで必ず確認してください。

Q FX

ユーロ・ドルは現在、今日のT時点にありま す。空売りを仕掛けても良いでしょうか?

特設サイト【応用編】の解説
(https://tbladvisory.com/online/courses/book007)

問題FX ユーロ・ドルの空売り

解答FX

A FX

下げが深かったけど、まだ下げる余地はあるので、空売り可能。

随分と下げてきました。ここまで下げてくると、「もうこれ以上は下がらないのでは？」と思いがちですが、この銘柄はまだ底打ちになったというシグナルがどこにも出ていません。

また、下に向かってのトレンド転換もはっきりしているのがわかりやすいです。

確実にするために、トレンド転換線を描いてみましょう。(図の左)。

このように描いてみると、Tの時点で明確に下に向かってトレンド転換しているのがわかります。

下に向かってトレンド転換した日の安値を基準に

解答FX ユーロ・ドルの空売り

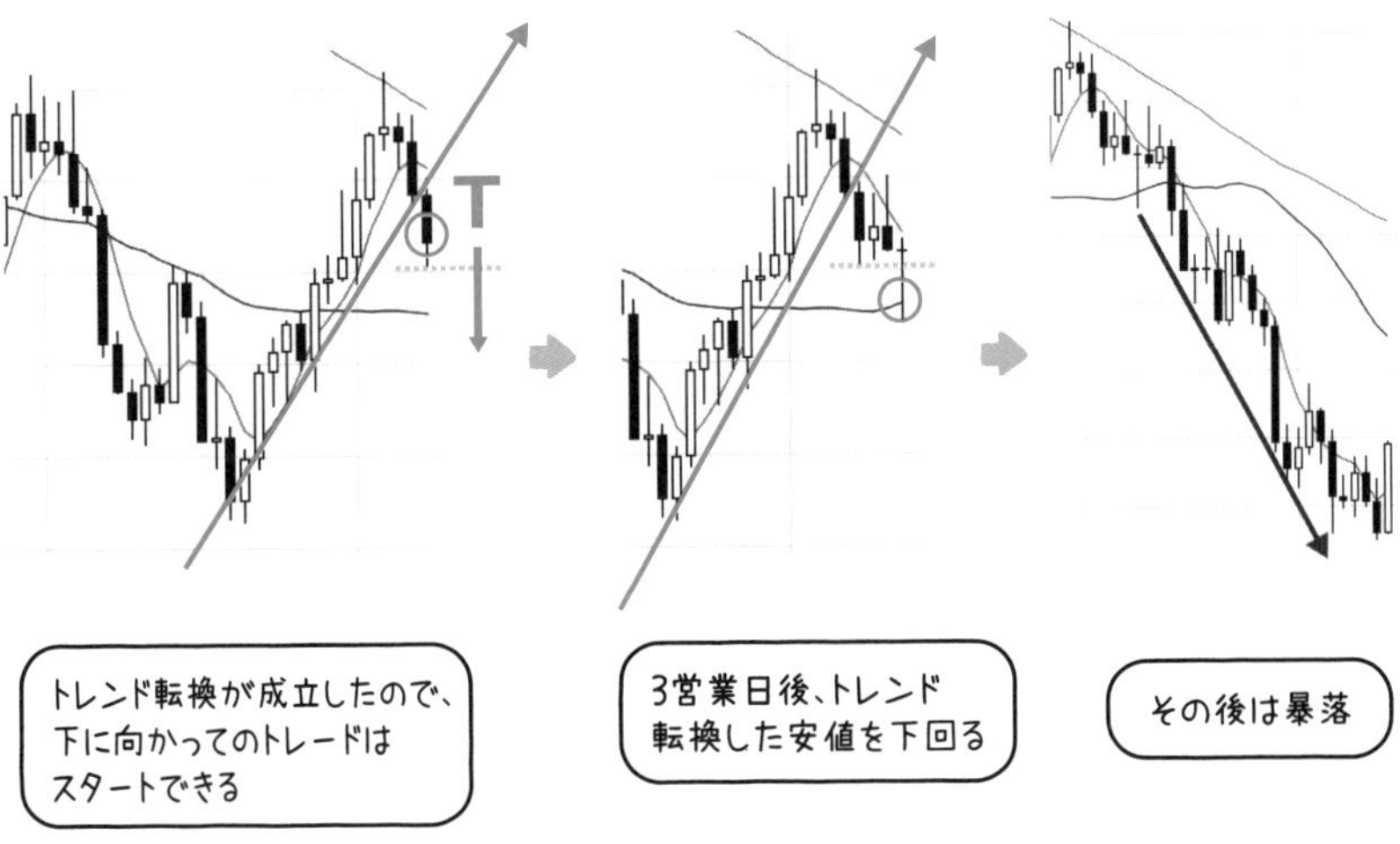
T
トレンド転換が成立したので、下に向かってのトレードはスタートできる
3営業日後、トレンド転換した安値を下回る
その後は暴落

して空売りの設定をします（空売りの仕掛けポイントについては、次の問題で確認してください）。

そうすると、3営業日後に空売りが約定します（図の真ん中）。

その後は、勢いよく下げているのが確認できます。これで、FXトレードにおいても強い力を発揮しているのがわかります。


次の応用問題ではさらに広げて、商品先物のトレードにおいて、日足以外の時間軸でも使えるかを検証します。

ユーロ・ドルで使えるというのがわかると、他の通貨ペアでも使えそうですね？
はい、その通り！
ドル・円、ポンド・円など他の通貨ペアチャートも開いて線を描いてみましょう！

難易度 高

問題GOLD 金先物の空売りを見つけよう

下図はニューヨーク商品取引所（COMEX）GOLD先物の4時間足です。こちらも特設サイトで必ず確認してください。

Q GOLD

ニューヨーク商品取引所（COMEX）GOLD先物の4時間足です。空売りを仕掛けても良いタイミングは、1〜3の中でどこでしょうか？

特設サイト【応用編】の解説

(https://tbladvisory.com/online/courses/book007)

問題GOLD 金先物の空売り

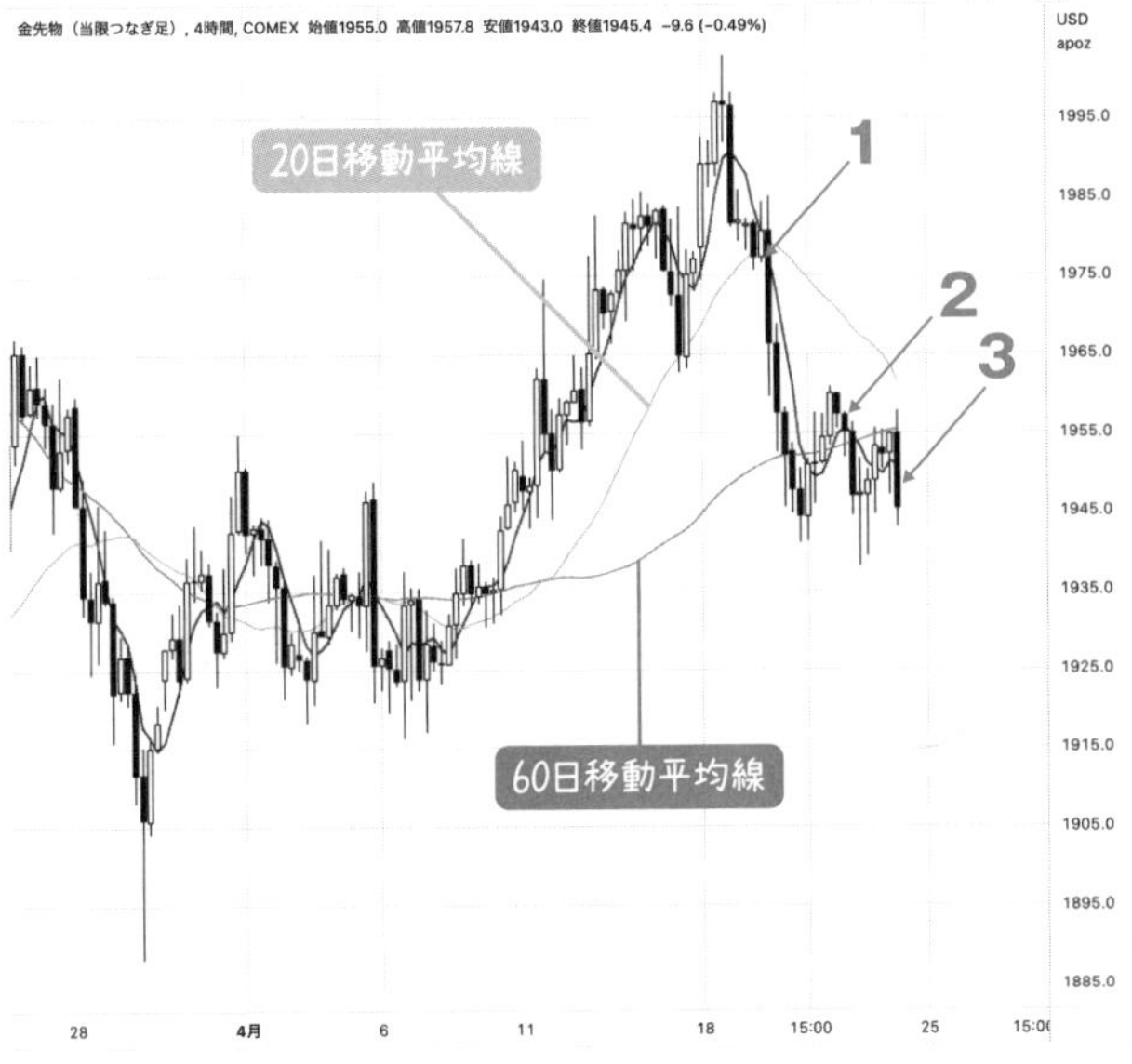

A GOLD

解答GOLD

難しいのは、今回も高値の切り下げ1回目。どこにすべきかは、戻りがあったのか否か。

これは少し上級の問題です。扱っている金融商品が違えば時間軸も異なりますので、難しくなります。それでも怖がらずに一つ一つ疑問を解いてみましょう。

この問題をさらに難しくしているのは、ポイント1で高値が切り下がったと判断をするかです。ポイント2または3のポイントが切り下げたと言うのは間違いなくわかることでしょう。

問題はポイント1が高値切り下げだと判断するか、否かです。人によってはこれを高値切り下げだと判断した場合もあるし、ただ下がっていく途中のプロセスに過ぎないと思った人もいるでしょう。

解答GOLD 1　金先物の空売り

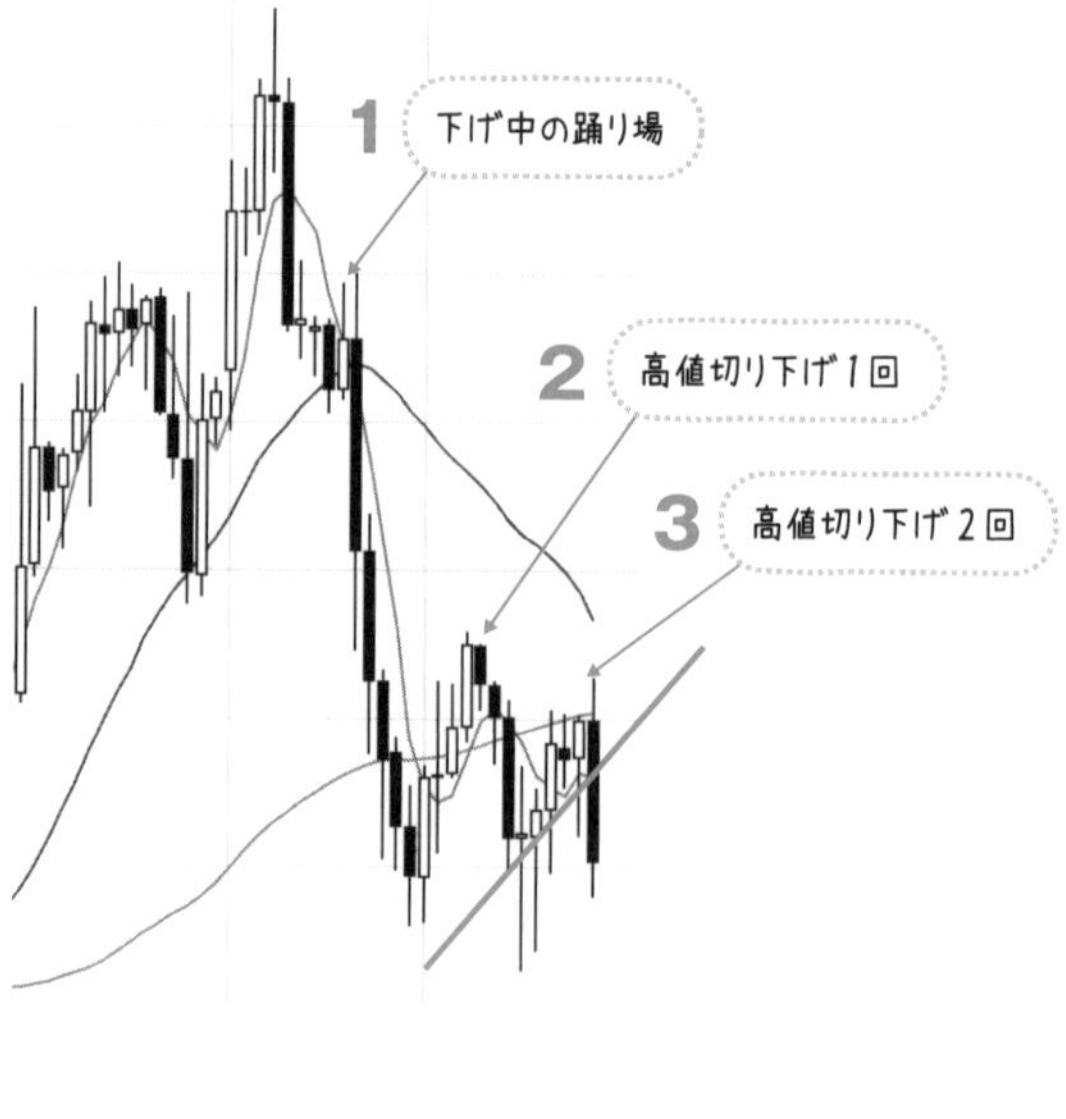

答えを言ってしまえば、これは下がっていく途中のプロセスで、下落の踊り場だと思ったほうがよいでしょう。ポイント1で高値がつくられたところを確認すると、大きな陰線で高値をつくると同時に、大きく暴落したところでもあります。

つまり、この1日で高値と安値を同時につくったわけで、明確に戻りを試す上昇が見られませんでした。高値の切り下げを確認したい場合は、短くてもいいので明確に上に向かって戻りを試す動きを確認したいところです。

解答 GOLD 2　金先物の空売り後の経過

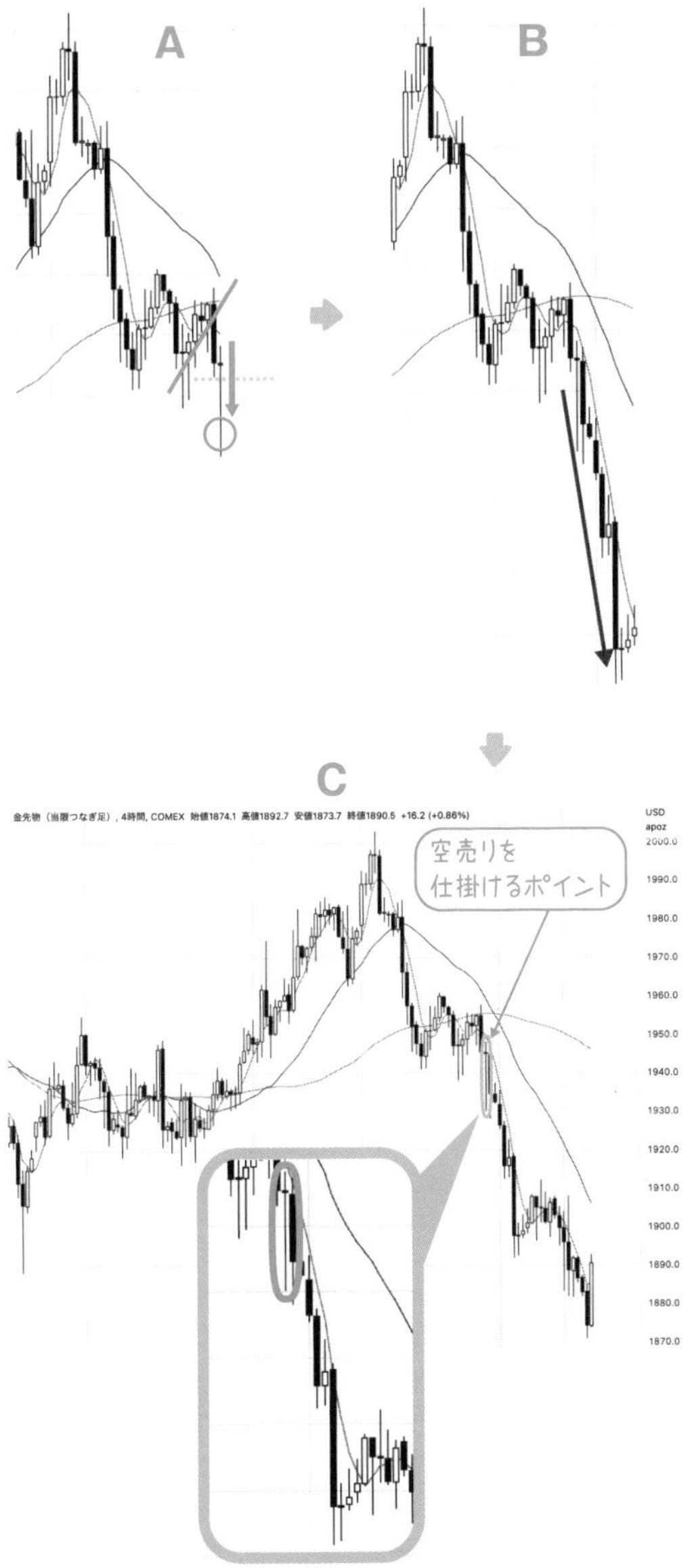

ポイント2と3の切り下げがわかりやすいのは、戻りを試す上昇が数日でもあるからです。これに基づいた判断すると、ポイント3を確認しにくいときにトレンド転換線を描き、トレードポイントを設定することになります。

ポイント3で空売りを仕掛けてからの結果を見ると（前ページの図のA）、空売りが約定してからもさらに大きく下げています（前ページの図のB）。

さらに時間が経過して全体の結果を見ると（前ページの図のC）、大きく下げた後に一回戻りを試すけれど、もう一度下にトレンド転換して下落するのが確認できます。

難しい問題なので、75ページの動画も何回も見てください。

2時限目のまとめ

- 空売りのスタートは高値の切り下げで判断する
- 実際のスタートタイミングは
  下向きのトレンド転換線を描いて探す
- トレード開始前にエントリーポイント、
  ロスカットポイントが両方見えているかをチェック

Column 3

トレードが辛くないですか？

今回は空売り、買いなどの具体的な話をするよりも範囲を広げて考えてみたいと思います。株式、FXなんでもそうですが、そもそもトレードが辛くなることはありませんか？それは誰にでも起きることです。実際に筆者にもそんな時はあり、しばらく全てのトレードをお休みするまで追い込まれたこともあります。

そのときの経験を思い出すと共にセミナーの受講生などに話を聞いて「トレードが辛くなる理由」をまとめると、おおよそ次の４つの理由に分類することができます。

❶損失によるストレス

これが一番の要因ですね。トレードにおいて、損失は避けられないものです。そのために損切りのスキルが存在するわけです。しかし、損失が続くとストレスがたまり、トレード自体が辛くなることはよくあります。負け続けるのに嬉しいと思う人はいないでしょう。

❷プレッシャー

トレードは負けても勝っても一定のプレッシャーを伴います。他でもなく、命のように大事にしている自分の資金でトレードを行うことになるため、それが失われるのはないかと常にプレッシャーを感じることになります。これは、たとえ利益が出ていても感じることです。「前回は勝ったけど、今回負けたらどうしよう？」と思ってしまいます。そのプレッシャーが大きくなりすぎると辛さとなって現れます。

❸自信の喪失

これは❶とつながっていますが、連続して損失が続くとトレーダーが自信を喪失することがあります。ストレスくらいならまだいいですが、それを通り越すと「なにをやってもうまくいく気がしない」と自信がなくなります。また、自信がない状態でトレードを行うと判断ミスが起きやすく、さらに自信をなくしていく悪循環に陥ることもあります。

❹モチベーションの低下

トレードはSNSで華麗な生活を見せびらかしているような、いつも幸せということではありません。むしろ非常に辛抱強い作業であり、ときには同じことの繰り返しです。実際にトレードに使った時間を分析してみると、８割以上はルーチン作業です。それ自体が好きでなく「ただお金のため」となると、モチベーションを上げることは相当難しいことです。通勤電車の中で「ああ、今日も会社かよ、いやだな」と思いながら、寝てるのか起きてるのかよくわからない顔をしている人からモチベーションのかけらもみつからないのと同じことです。好きでもないことを無理やり続けるとモチベーションが低下し、トレード自体が辛くなることにつながります。

どうですか？　何か自分に当てはまることはありましたか？　どれか一つだったらいいですが、４つ全部となると相当辛いですね。その時の解決策は？　問題点だけをつらつらと重ねて解決策を提示しないと、「あなたは重い病気です。だから頑張ってください」と宣言する医者のようなもの。ここでは、４つ全部に効く解決策を２つ用意しました。

Solution 1 精神的・身体的な健康の維持

トレードに関するとっておきの施策を教えてくれるかなと思ったら、「これ？」と思うかもしれませんが、「健康」はすべての基本になるものです。トレードも一緒で、ストレスを伴うトレードに集中するためには、精神的・身体的な健康状態を維持することがとても重要です。

例えば、

「夜更かししてFXのチャートを見ていたが、睡眠不足でとんでもないミスを犯した」
「お酒を飲んでからトレードすると気が大きくなり、損失も大きかった」

という経験ありませんか？（恥ずかしいことですが、全部自分がやったことです…）

トレード経験が長くなればなるほど、健康を維持するのが最も大事だと実感します。

Solution 2 小さい成功体験を積み重ねる

これは、逆にいうと「一攫千金を狙わない」という言葉にも通じます。

メディアでは“**1年でXX万円を1億円にしたカリスマ**”のような事例が紹介されて、それに憧れる人は非常に多いものです。しかし、それ自体が非常に特殊なケースだということを覚えてください。

メディアに紹介されるぐらいのことは、一般人にはなかなかできない話題性のあることなのです。「高知市に住む林さんは今朝、驚異的に上手な歯磨きをしました」なんてニュースは流れません。

トレードスキルを勉強して、小さいけれど着実に利益を積み上げるトレードを続けていると、いつの間にかモチベーションが上がり、自信がついてトレード自体も楽しくなります。

いかがでしょうか？　意外とシンプルな解決策ではないでしょうか？

シンプルだと思うなら、今日から早速実践してみましょう！

3時限目
空売りの利益確定と注文スキル

トレードの方法がわかった後は、それを正しく注文できるスキルです。ここでしっかり身につけましょう！

難易度
低 **中** 高

法則 5 上に向かってトレンド転換したら利益確定

「2時限目」までで、空売りのスタートステージにおける戦略をマスターしました。

「3時限目」では、まず積み上がっていた利益をどのように確定するかを学びます。

そして、ここで紹介したトレードの注文を実際にどのように行うのか、下げトレンドのスタートステージに陥りがちな罠についても学習します。まず、利益確定の方法からです。

法則4 まで実行した後は、順調に下がって利益が増えていきます。

毎日下がって利益が増えてくると、つい油断して放置しがちですが、毎日チェックをしてしっかり利益を確保していくことが何よりも大事です。

実は、利益を確定するポイントを見つけるのも、それほど難しくありません。そのスキルをあなたはすでに持っているからです。

そのスキルとは、**上に向かってのトレンド転換線**です。

法則5 上に向かってトレンド転換したら利益確定

⬇上に向かって買っていくポイントが空売りの利益確定ポイント

難易度 中

問題1 空売りの利益確定

Q1

「2時限目」で空売りをした後、現在Eまで下落が続きました。E時点は上に向かってトレンド転換しています。

次の価格情報を使って、空売りの利益を確定する価格を設定してください。

1-1　いくらになったら利益確定しますか？

1-2　その注文が成立しないのは、何を意味しますか？

問題1　空売りの利益確定

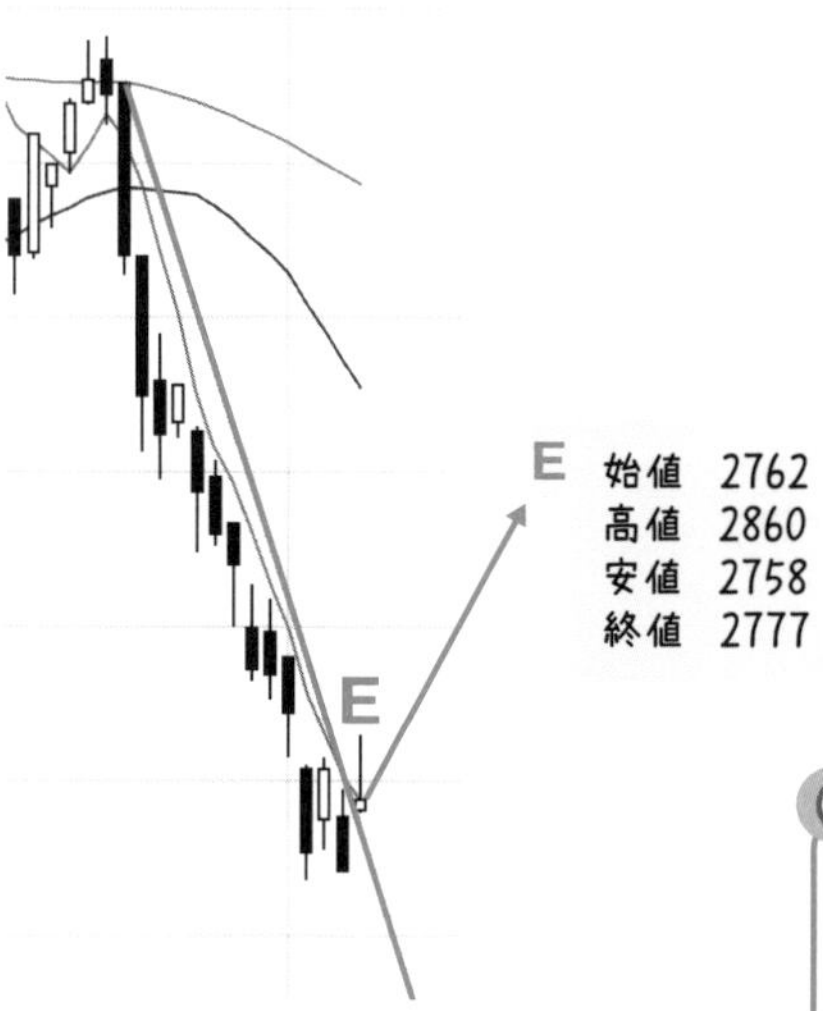

ヒント

「世界一やさしい 株の教科書1年生」
P175
トレンド転換線

解答1 トレンド転換して買っていくポイントが利益確定のポイント

A1

1-1 2862円以上になったら買い戻し。

1-2 成立しないのはさらに下がっていくことを意味する。

上から下に向かってのトレンド転換線を引くと、Eの時点で上に向かってトレンド転換しているのがわかります。

「世界一やさしい 株の教科書1年生」を参照すればわかりますが、Eの高値を超えると、しばらく株価が戻る動きが続きます。

これは、上昇トレンドで買っていくポイントと同じです。ここでも2呼値単位をEの高値に足して、利益確定のポイントを計算します。

解答1-1 トレンド転換の確認と利益確定

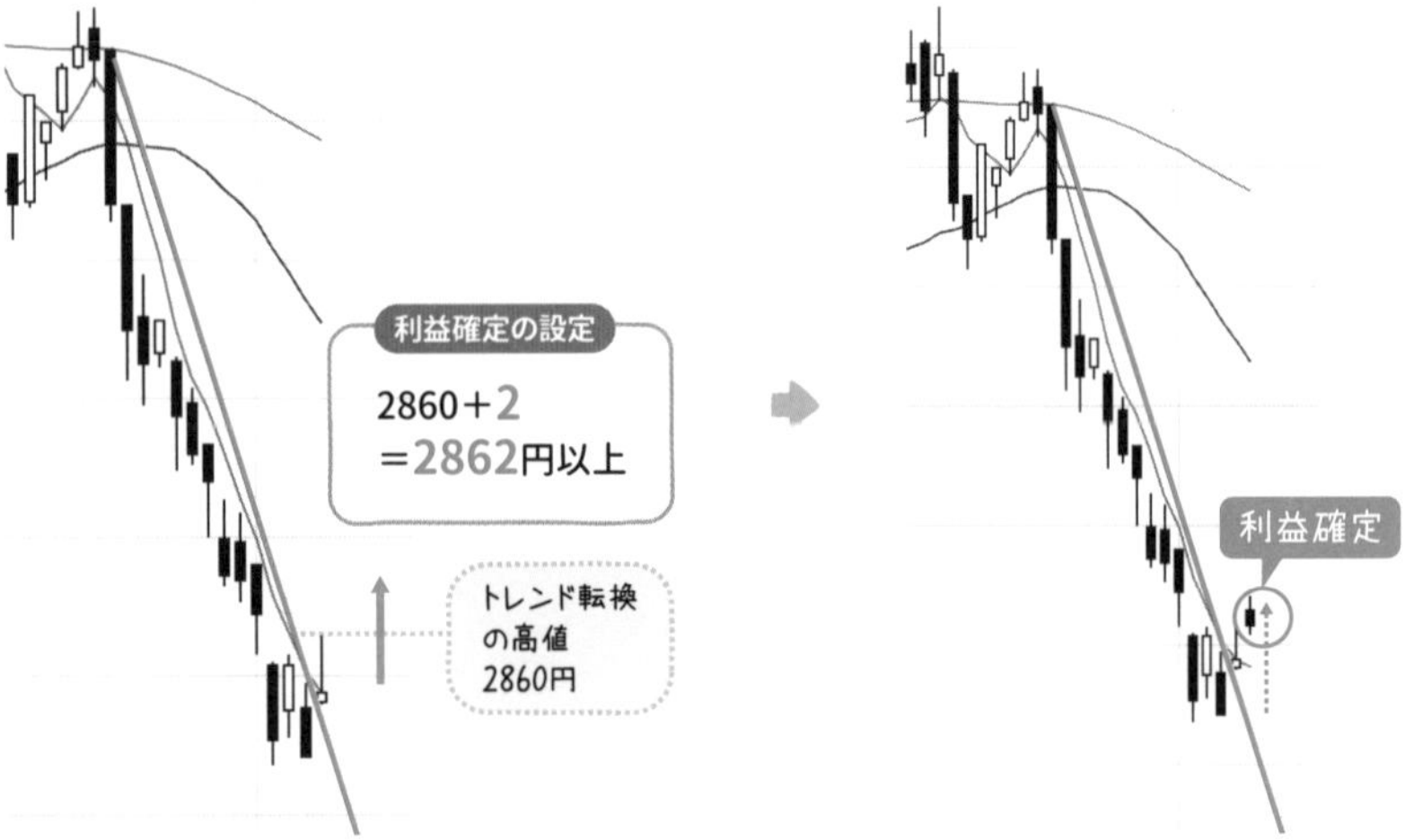

Eの高値が2860円なので、2円を足して2862円以上になったら、成行で買い戻しをして利益を確定します。右側は、この注文を設定して早速次の日に高値を超えて、利益確定ができたことを表しています。

逆に、この注文が成立しないというのは次の日からまた下落して、下げトレンドが続くことを意味します。下げが続く場合は、そのポイントからもう一度トレンド転換線を描いて、利益確定の設定を引き下げます。

利益確定ができると嬉しいですね。いくらの利益になったのか計算してみましょうか？

3440円で空売りをして2862円で買い戻しをしたので、578円下がりました。例えば100株を空売りしたとすると利益は5万7800円、嬉しいですね。

儲かった5万7800円全部とまでは言わないけれど、1万円くらいは良いお肉を食べに出かけてもいいのではないでしょうか？

もちろんいいですよ！　思いっきり楽しんでください。

しかし、ちょっとだけ待ってください。出かける前に一つだけ。「**この銘柄はまだ下がる余地がある。継続してフォローしていく！**」と、しっかり自分に言い聞かせてください。

今度は利益を確定してからのメンテナンス

下図を見ながら、利益を確定してからのメンテナンスのプロセスを身につけましょう。

左は、利益確定ができてから翌日も上昇していることを表しています。つまり戻りのトレンドが続いているということです。

戻りのトレンドが続く間は、最初の空売りポイントを探すときと全く同じ要領で、下から上に向かってのトレンド転換線を毎日描いていきます。

多くの時間を使う必要はありません。線一本を描くだけです。良いお肉は逃げないので、線一本ぐらい描いてから出かけても良いでしょう?

次の日に下落して、トレンド転換線の下に来ます。早速、下に向かってトレンド転換したわけです。

やることは? 決まっていますよね!

解答 1-2 利益確定後のフォロー

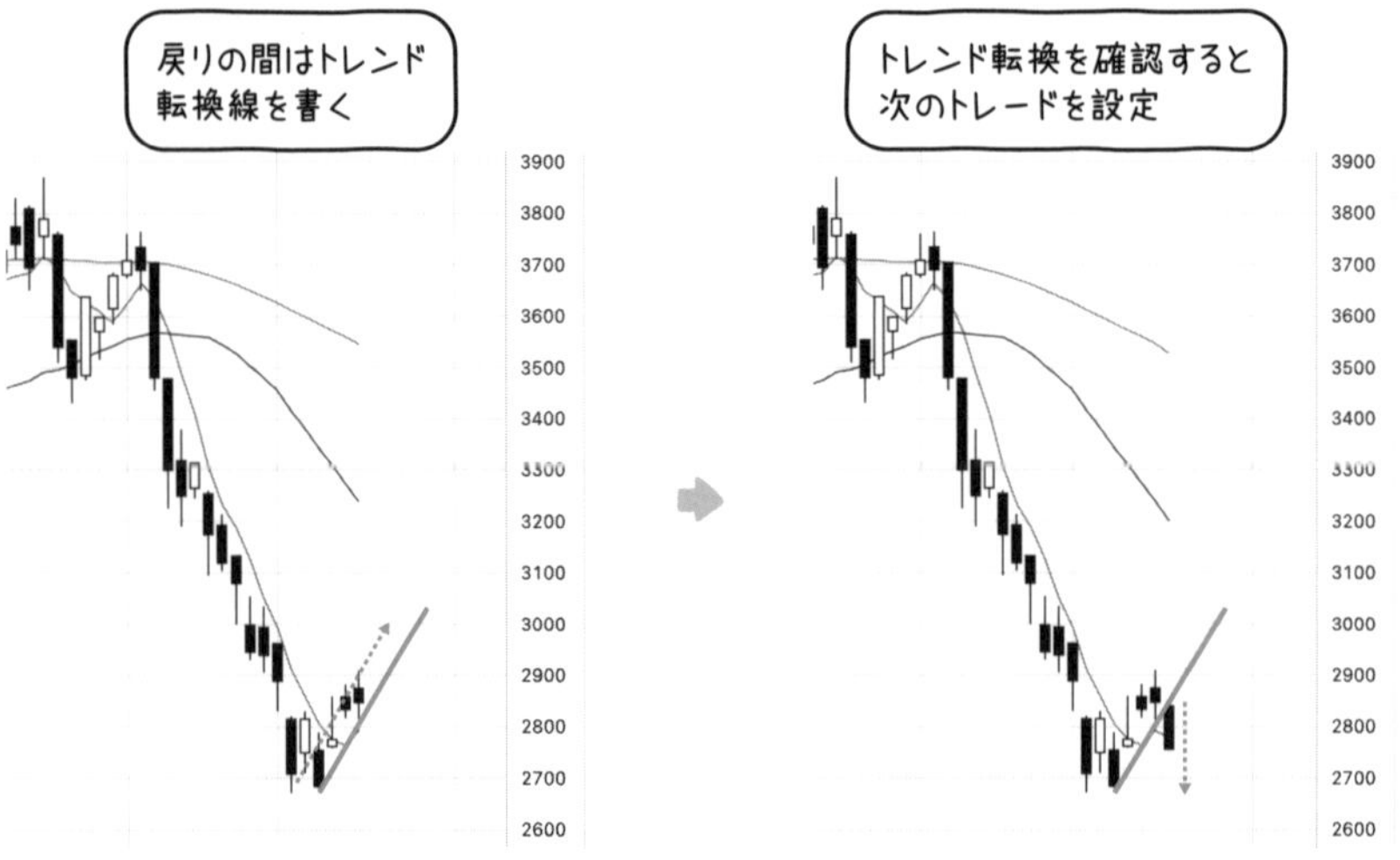

また下がる動きになったので、もう一度空売りを仕掛けて利益を重ねるときです。しかし、ここからは視点を変える必要があります。「4時限目」で同じ銘柄の続きで問題を解きながら、利益をますます大きくする方法を学びます。

その前に、ここまで出てきた注文を実際に設定する方法を学んで、**デッドクロス**という罠について解いていきます。

利益確定ができたから
といって、油断すると
次のチャンスを見逃し
てしまいますよ〜。
しっかり、フォローしま
しょう!

難易度
低 中 高

法則6 売買にもスキルが必要、注文設定に慣れよう

売買ポイントを決めるのはもちろん最も大事ですが、インターネット証券会社のシステムで自由自在に売買できるようになるのも非常に大事なことです。

キャッチボールがうまくても、適切なグローブの使い方ができないと、何の役にも立たないのと同じことです。

自分が出したい注文を設定するにもスキルが必要です。

ここからは、「2時限目」で設定した売買ポイントをインターネット証券会社で注文する方法について学びます。

法則6
売買にもスキルが必要、注文設定に慣れよう
⬇ チャート上で買いの値段を設定して注文できるまで

難易度
低

問題2 空売りスタートの注文

Q2 法則4で設定した空売りの売買ポイント（左側）を下の画面で設定してみましょう（SBI証券）。

問題2 空売りスタートの注文

ヒント
IFDという名前の注文方法を使う。
楽天証券では「逆指値付き通常注文」という

ロスカットの設定
Cの高値
＋
2呼値単位
（B-2）
→
ロスカットの設定
3765＋10
＝3775円以上

↑

空売りの設定
トレンド転換の安値
−
1呼値単位
（D-1）
→
空売りの設定
3455−5
＝3450円以下

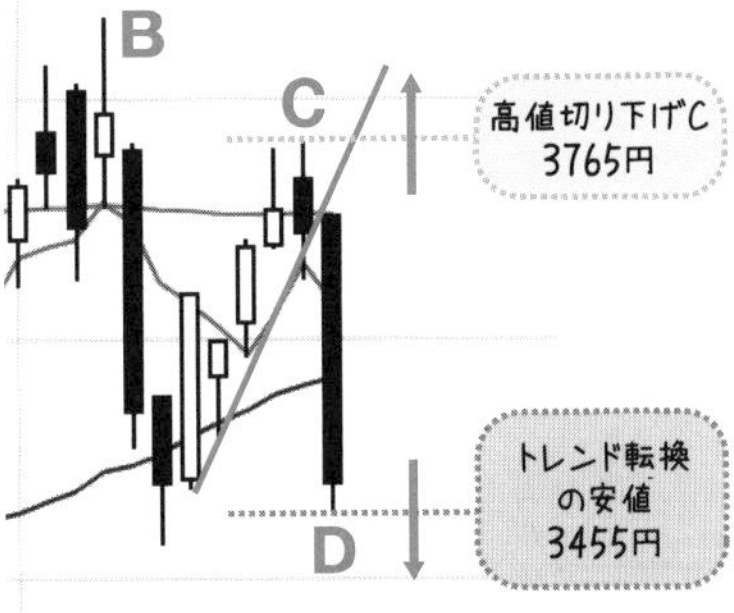

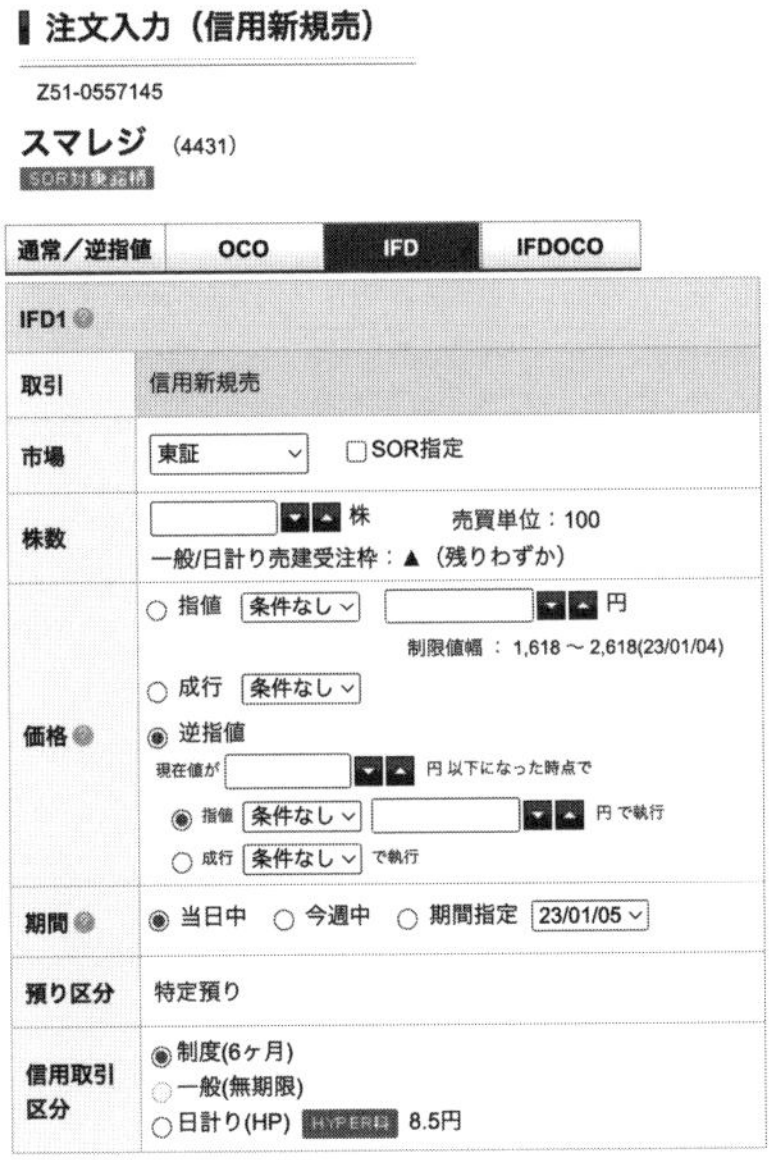

▌注文入力（信用新規売）

Z51-0557145

スマレジ（4431）
SOR対象銘柄

通常／逆指値	OCO	IFD	IFDOCO

IFD1	
取引	信用新規売
市場	東証 ☐SOR指定
株数	［　］株　売買単位：100 一般/日計り売建受注枠：▲（残りわずか）
価格	○指値 条件なし ［　］円 制限値幅：1,618～2,618(23/01/04) ○成行 条件なし ◉逆指値 現在値が［　］円以下になった時点で ◉指値 条件なし ［　］円で執行 ○成行 条件なし で執行
期間	◉当日中 ○今週中 ○期間指定 23/01/05
預り区分	特定預り
信用取引区分	◉制度(6ヶ月) ○一般(無期限) ○日計り(HP) HYPER日 8.5円

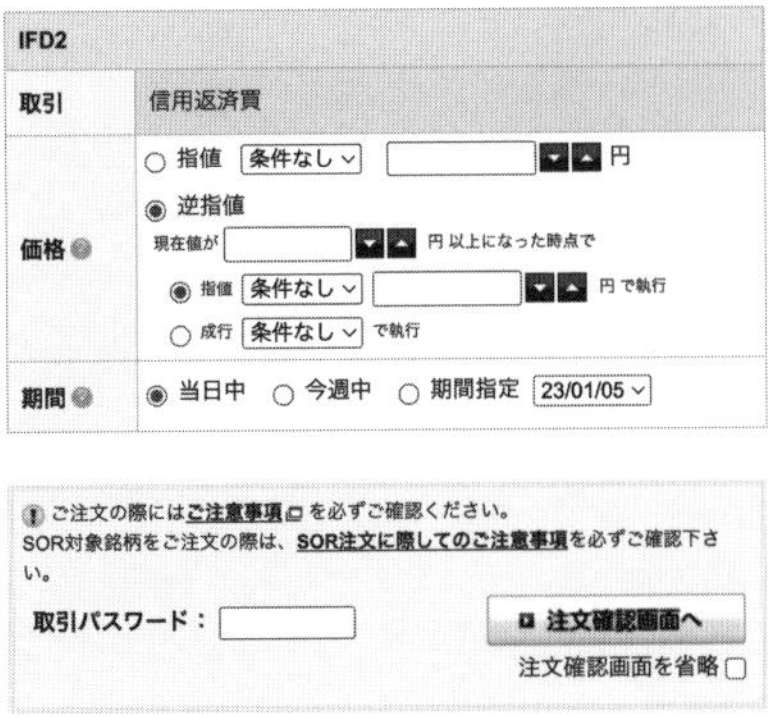

IFD2	
取引	信用返済買
価格	○指値 条件なし ［　］円 ◉逆指値 現在値が［　］円以上になった時点で ◉指値 条件なし ［　］円で執行 ○成行 条件なし で執行
期間	◉当日中 ○今週中 ○期間指定 23/01/05

ご注文の際には**ご注意事項**を必ずご確認ください。
SOR対象銘柄をご注文の際は、**SOR注文に際してのご注意事項**を必ずご確認下さい。

取引パスワード：［　］　注文確認画面へ
注文確認画面を省略☐

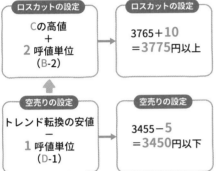

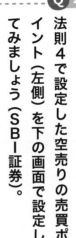

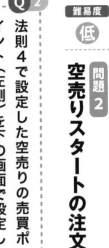

解答２

A2 トレードのスタートとロスカット設定を一気にできる注文。

次ページのＳＢＩ証券の注文画面を使って説明します。他の証券会社の例についても応用編でカバーしていますので、特設サイトで確認してください。

法則４をしっかり勉強している場合は、空売りの設定価格とロスカットポイントが同時に見えるはずです。スタートは３４４０円以下になると空売りをする、ＩＦＤを使ってロスカットを同時に設定します。現在のインターネット証券会社は大体できるようになっている注文なので、ここでしっかり覚えましょう。

ＩＦＤ注文は２つに分かれています。簡単に説明すると、❶で設定した空売りの注文が約定すると、「ＩＦＤ２」の注文を自動的に出してくださいという注文方法です。

したがって、「ＩＦＤ１」でまず空売りのスタート条件を設定します。「価格」で❷逆指値を選んで注文を出す条件を設定します。**〝３４４０円以下になると〟**空売りの注文を出すので、「現在値が」に「３４４０」と入力します。その下の「指値」で❸の条件が成立すると、実際に注文したい価格を設定します。ここには３４２０円と入力しています。

まとめると、「**３４４０円以下になると、３４２０円で空売りをする**」という注文です。

条件と実際の注文価格には20円（４呼値単位）の幅を持たせて、急に値段が飛んでしまった場合でも注文が成立するように設定しておきます。これを**値幅《ねはば》注文**といいます。

❹「ＩＦＤ１」の注文が約定すると「ＩＦＤ２」の注文が発注されます。逆にいえば、「ＩＦＤ１」が約定しない場合、「ＩＦＤ２」は発注されずにキャンセルされるということです。「ＩＦＤ２」はロスカットの注文でした。こちらも「価格」で逆指値を選び、ロスカット注文を出す条件を設定します。

❺**“３７７５円以上になると”**いくらで買い戻しを行うかを設定するのが

解答２ 空売りエントリーポイント注文

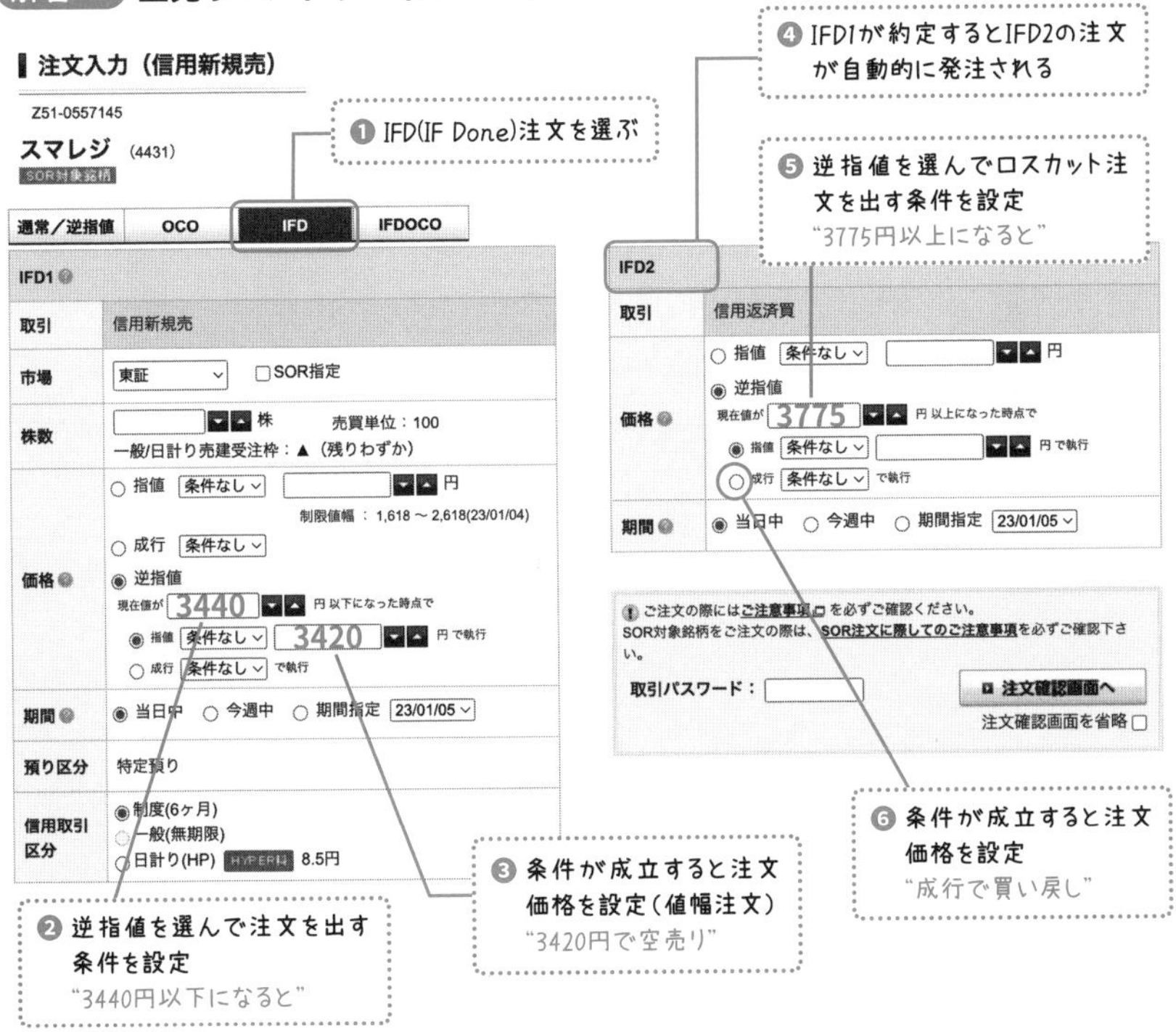

下の「指値」または「成行」です。損失はいかなる場合でも限定する必要があるので、ここでは❻成行を選んでください。

まとめると「**3775円以上になると、「IFD1」で約定した空売りのポジションを成行で買い戻しする**」という注文になります。これで注文もばっちりですね。注文を出してキャンセルする分にはお金はかからないので、何回も注文を出して取り消す練習をしてみてください。3回練習すると、大体怖がらずに行うことができます。

応用編❶ 空売りエントリーポイント注文（楽天証券）

異なるインターフェースを持つ証券会社の画面で注文する練習をします。

難易度 低

問題 注文

ユーロ・ドルの空売りポイント

Q 注文

応用編では、最近の主流であるスマホアプリを使ってみましょう。法則6と同じ注文を楽天証券のiSPEEDで設定してください。

問題 注文 空売りエントリーポイント注文（楽天証券のスマホツール）

ヒント

楽天証券のサイトとは異なり、IFDやIFDOなどの注文が細かく分けられている

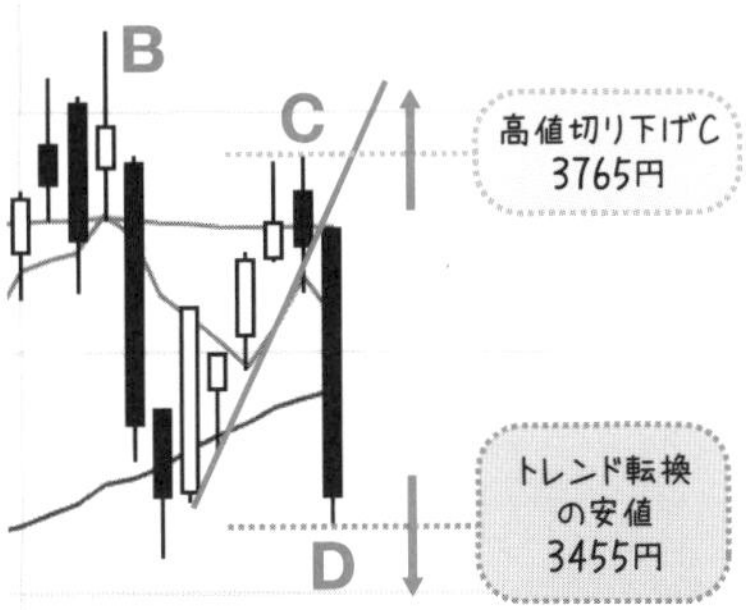

ロスカットの設定

Cの高値
＋
2 呼値単位
（B-2）

→

ロスカットの設定

3765＋10
＝3775円以上

↑

空売りの設定

トレンド転換の安値
－
1 呼値単位
（D-1）

→

空売りの設定

3455－5
＝3450円以下

銘柄を検索して
「注文」からスタート

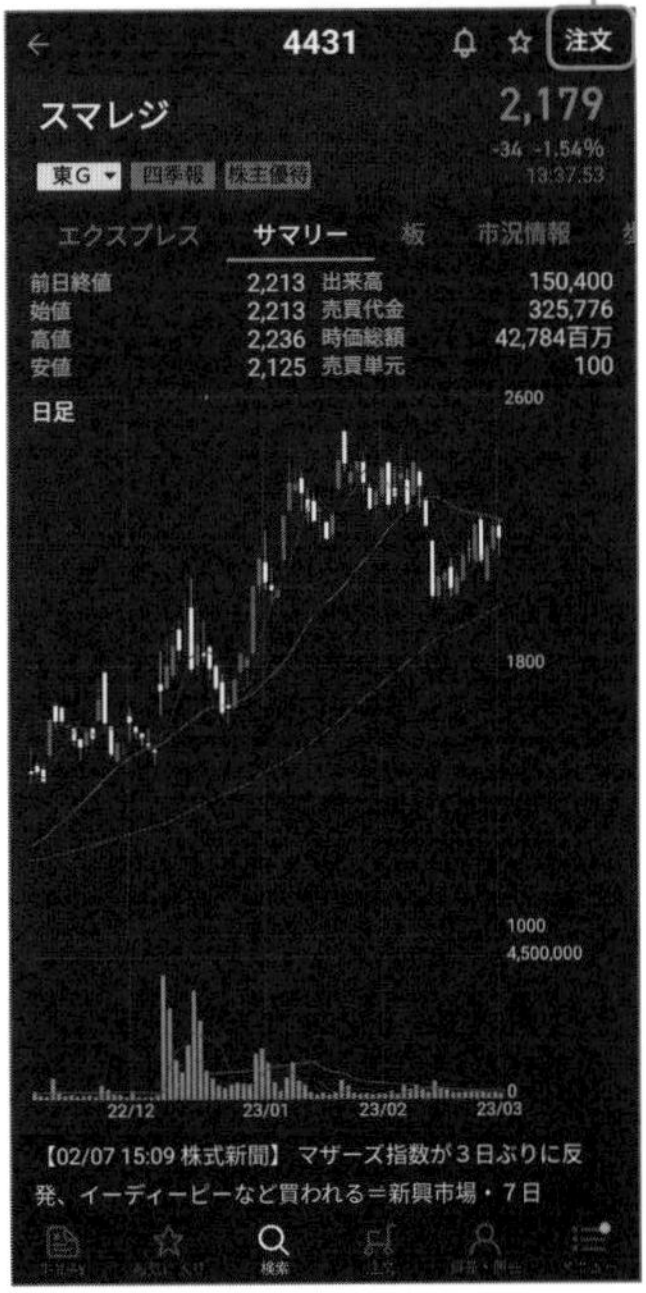

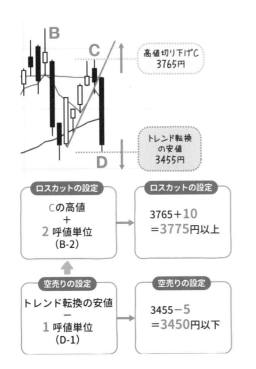

解答 注文

スマホでもさまざまな注文の設定が可能

次は楽天証券のスマホ取引ツール「iSPEED」を使って、IFD注文を設定している例です。最初は慣れない用語も出てきて戸惑うかも知れませんが、注文は結局慣れの問題なので、何回もやってみてください。

やればやるほど注文が下手になる人なんていないはずです。

特設サイト【応用編】の解説
(https://tbladvisory.com/online/courses/book007)

アプリでの注文はこれからもますます重要になってきます。しっかり覚えましょう！
特設サイトでは、IFDOCOなど、より便利な注文も説明していますよ！

解答 注文 空売りエントリーポイント注文 (空売りのスタート設定→ロスカットの設定)

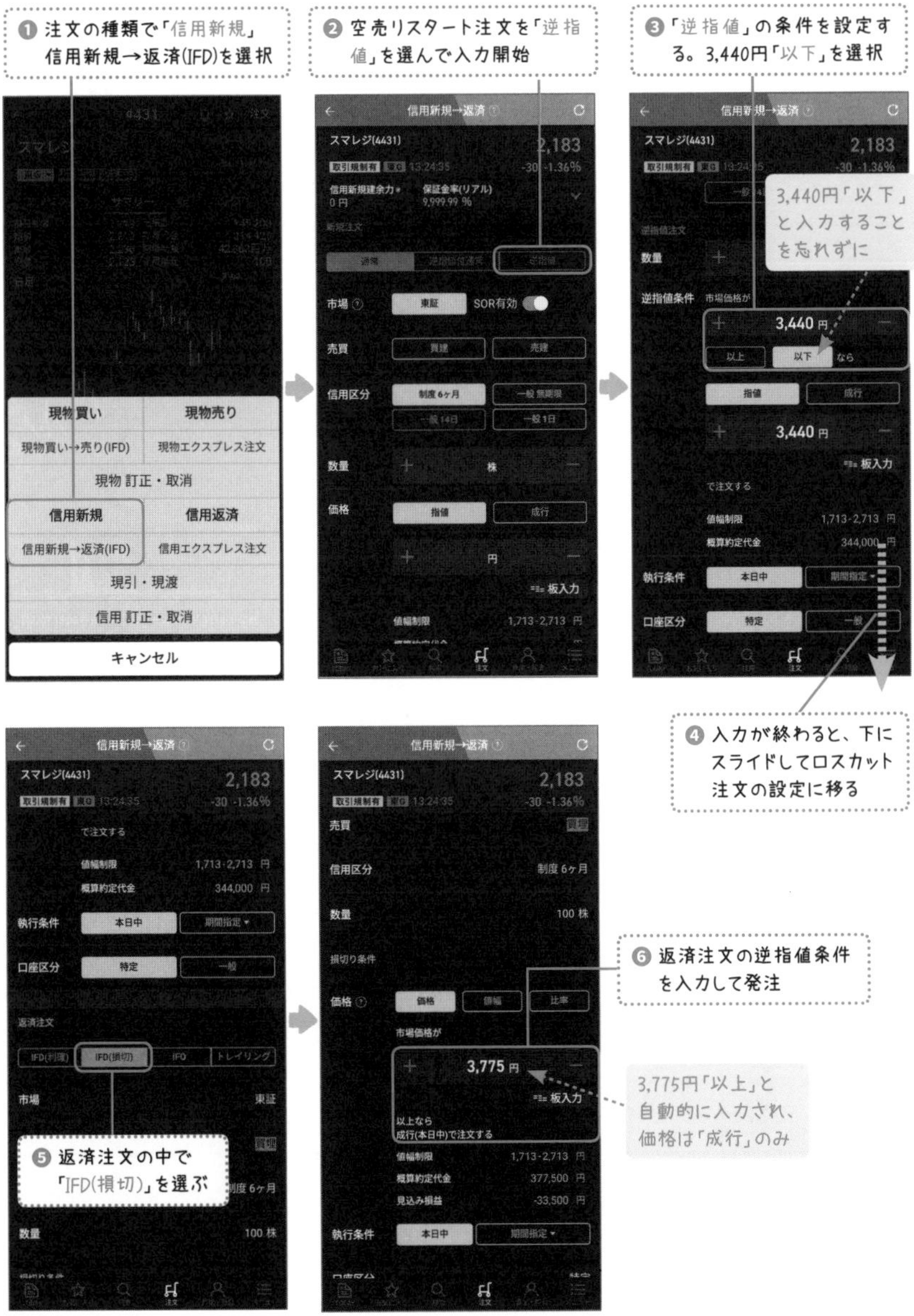

❶ 注文の種類で「信用新規」信用新規→返済(IFD)を選択
❷ 空売りスタート注文を「逆指値」を選んで入力開始
❸「逆指値」の条件を設定する。3,440円「以下」を選択
3,440円「以下」と入力することを忘れずに
❹ 入力が終わると、下にスライドしてロスカット注文の設定に移る
❺ 返済注文の中で「IFD(損切)」を選ぶ
❻ 返済注文の逆指値条件を入力して発注
3,775円「以上」と自動的に入力され、価格は「成行」のみ

難易度
低　中　高

法則 7 デッドクロスは後からついてくる

空売りをスタートするときに、売買のポイントとしてよく使われるのが、デッドクロスというサインです。**デッドクロスは、短期の移動平均線が長期の移動平均線を上から下に割ってくることを**意味します。

ここまでの設定では、25日移動平均線が75日移動平均線を割って、下にいくことです。

しかしデッドクロスをむやみに使うと、売買のタイミングが合わないか、むしろ損失につながる場合もあります。問題を解きながら、デッドクロスの使い方について学びましょう。

法則7 **デッドクロスはスタート時点ではない、後からついてくる**

⬇ デッドクロスはスタート地点ではない、確認ポイントである

難易度 高

問題3 デッドクロスにより空売りをスタートする罠

Q3

トレードのスタートポイントとしてよく使われるデッドクロス。デッドクロスが成立したAは、空売りのスタート時点として適切でしょうか？

問題3 デッドクロスにより空売りをスタートする罠

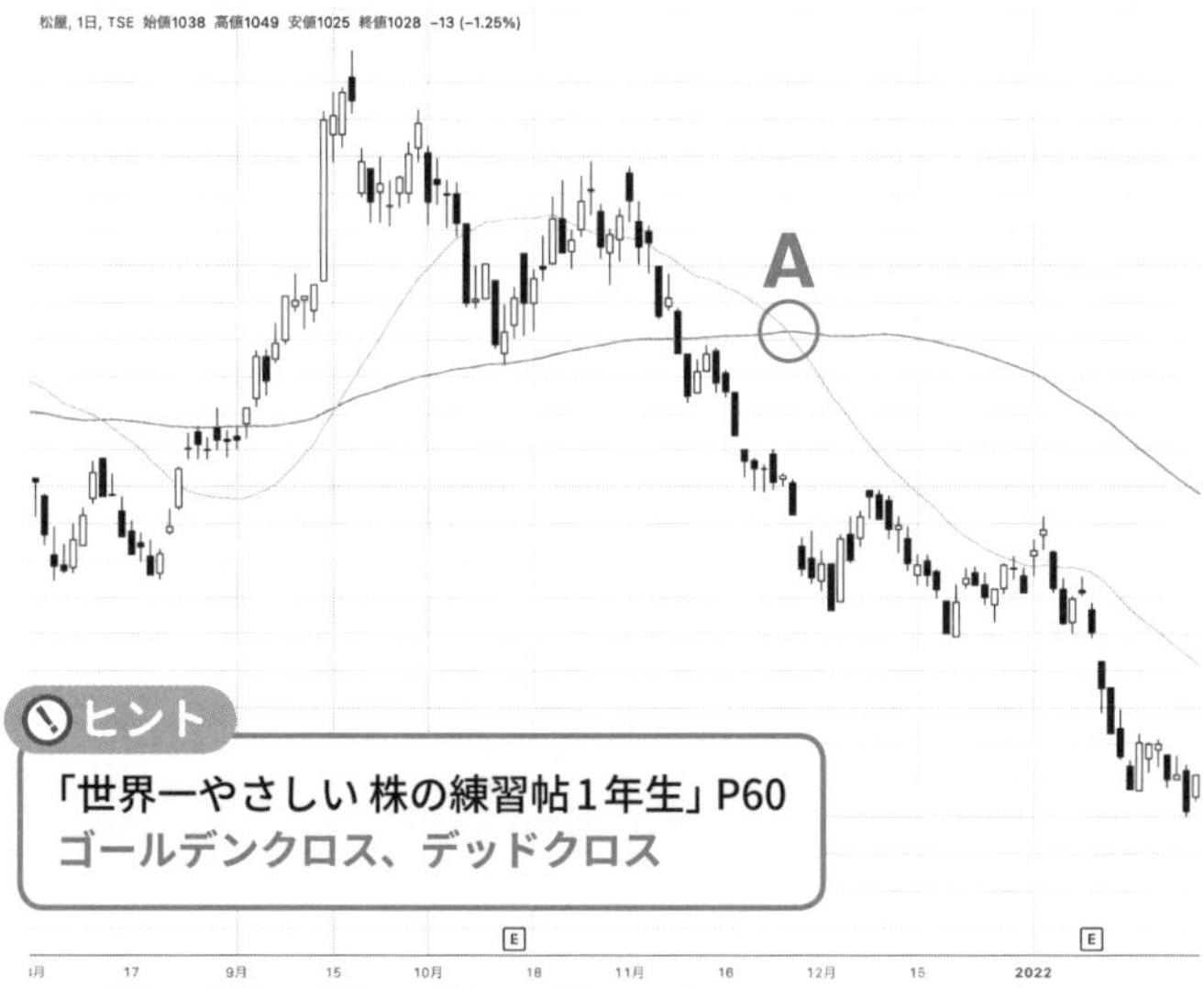

ヒント

「世界一やさしい 株の練習帖1年生」P60
ゴールデンクロス、デッドクロス

解答3 デッドクロスの時点は開始ポイントとしてすでに遅れている

A3 移動平均線がなく、ローソクだけで判断するなら、どこでスタートするかを考えてからデッドクロスを確認してみよう。

天井を確認してから高値の切り下げを数えて、トレードのスタートポイントを探してみましょう。これは、法則2で勉強したものと同じですね。天井の次の高値は新たな高値を更新できなかったので、切り下げています（下図の高値切り下げ1回）。その後は、下げが早まっています。

25日移動平均線を割って、75日移動平均線にサポートされ反発、25日移動平均線まで戻ります

解答3 空売りスタートポイントの比較

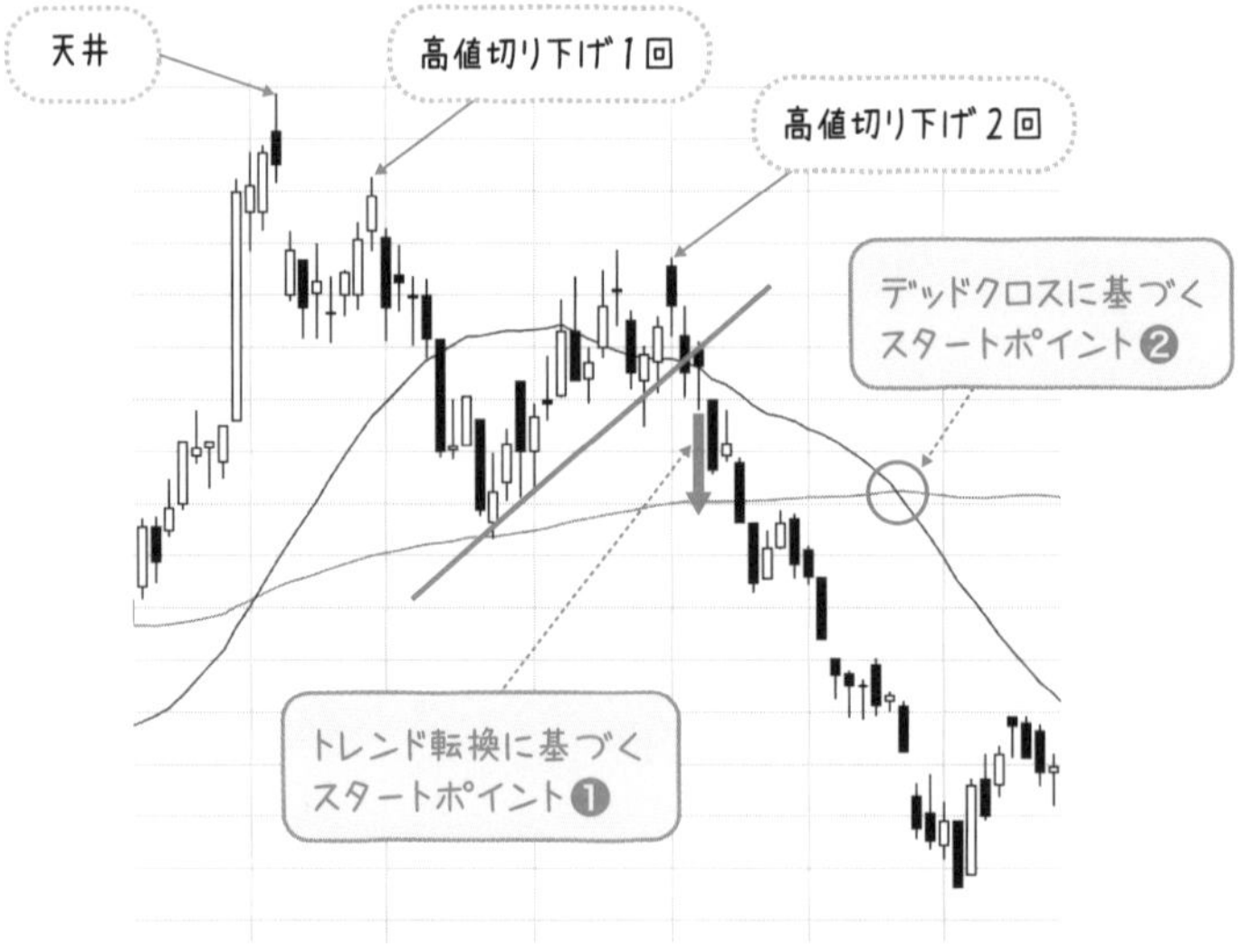

が、ここで抵抗に遭います。

25日移動平均線付近で下に向かってトレンド転換、高値切り下げ2回目となります。ここから空売りがスタートでき、トレンド転換に基づく**スタートポイント❶**です。

一方、デッドクロスが起きた時点を見ると、すでにある程度下げトレンドが進行している時点であることがわかります。このデッドクロスに基づく**スタートポイント❷**で空売りをスタートすることは、すでにタイミングとして遅いうえに利益幅も少ないのがわかります。

〝デッドクロスしたから、無条件に空売りをスタートする〟というトレードはここで改め、「トレンドと共に組み合わせて使う」と覚えておきましょう。

正しい使い方は、トレンド転換に基づくスタートポイントで空売りを開始、その後デッドクロスが発生すると、「正しい方向でトレードをしている」と確認する材料として使うことです。

もちろん、デッドクロスがスタートポイントとして必ず悪いだけではありません。応用問題ではその点を含めて、より上級な使い方を学びます。

応用編❷ デッドクロスによる空売りスタートの判定

今度は、商品先物のトレードでデッドクロスを活用する方法について見ていきましょう。

難易度

高

問題 先物

とうもろこし先物の空売り

Q 先物

とうもろこし先物のチャートです。デッドクロスが成立した時点は空売りのスタート時点として適切でしょうか？

特設サイト【応用編】の解説

(https://tbladvisory.com/online/courses/book007)

問題 先物 デッドクロスによる空売りスタートの判定

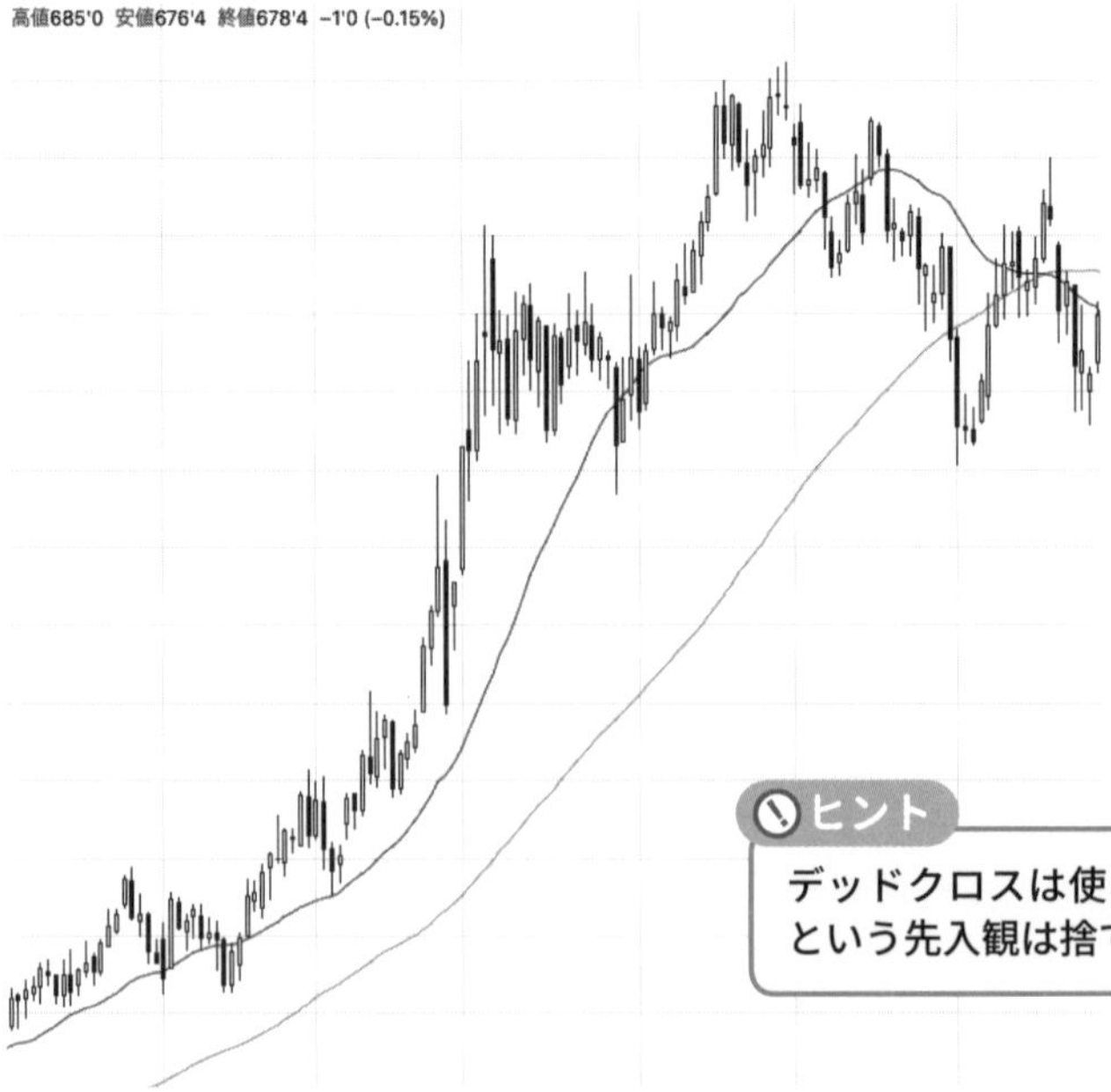

ヒント

デッドクロスは使える、使えないという先入観は捨てましょう

解答 先物

A 先物

デッドクロスとトレンド転換が同時に発生しているので、空売りのスタートサインとして使える。

どういうことか、簡単に説明しましょう。

「デッドクロスは使える、使えない」のように決めつけることではなく、補完材料として使えばより正確にタイミングを掴めることができるということです。

反発がスタートした時点からトレンド転換線を描いてみてください（下図を参照）。

トレンド転換線とデッドクロスがほぼ一致し、デッドクロスの翌日には下に向かってトレンド転換しているのも確認できます。

解答 先物 **デッドクロスによる空売りスタートの判定**

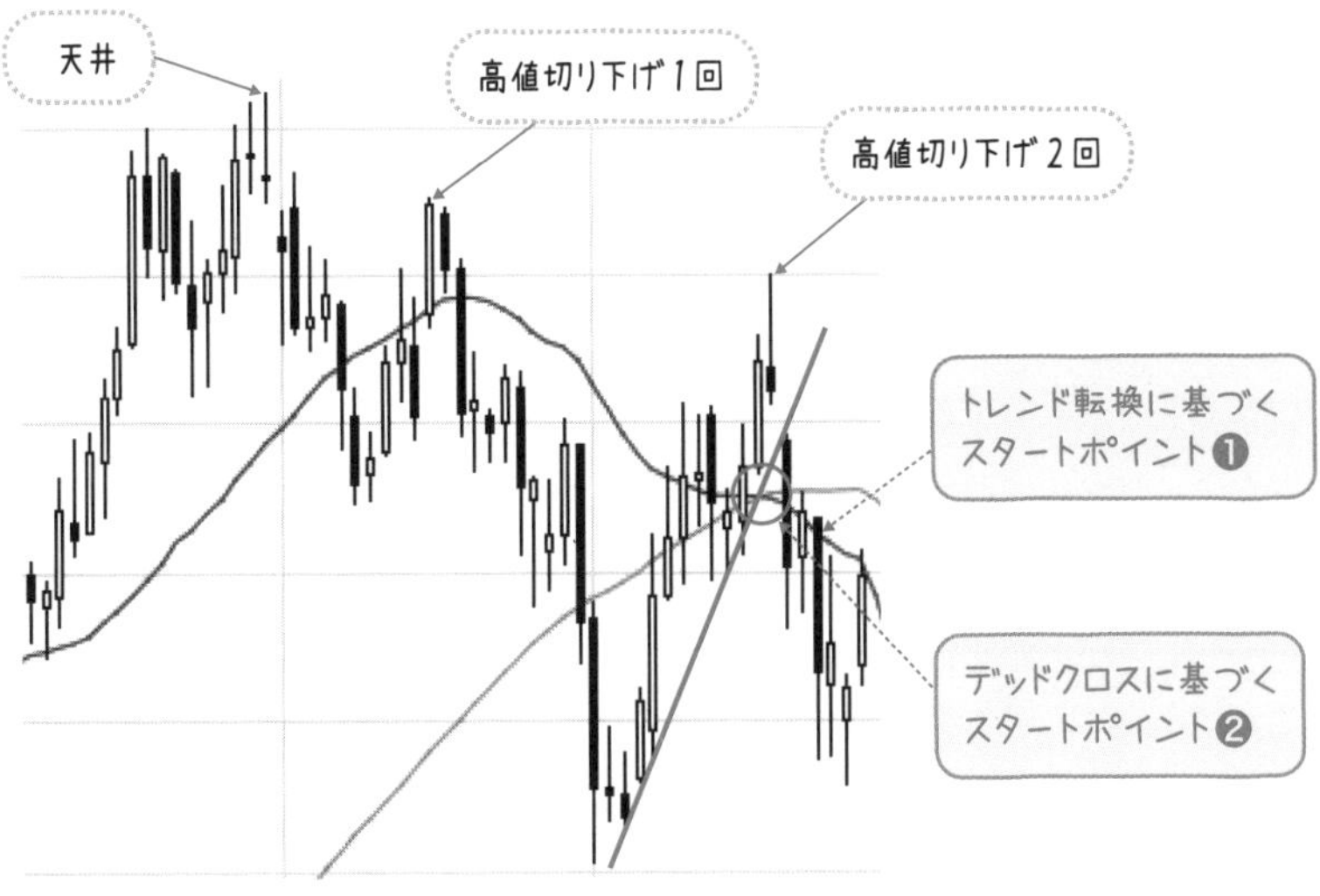

この場合は、**「デッドクロスで抵抗に遭った＋下に向かってトレンド転換」**という２つのサインが同時に出ているので、より確信を持って空売りをスタートすることができます。

トレンド転換線に頼るトレーダーから見ても、「デッドクロスをしている、トレンド転換もしているし、良いタイミングだな！」と思えるわけです。

3時限目のまとめ

- デッドクロスだけで空売りのタイミングを判断しない
- 高値の切り下げとトレンド転換で判断する
- デッドクロスだけで判断しないのは
  どんな商品にでも当てはまること

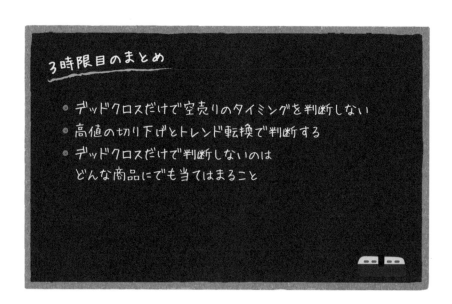

Column 4

「女性は信用取引できない!?」意外と知らない投資の歴史

タイトルだけ読んで女性差別などと思わないでください。インターネット証券が発達する前、つまり証券の取引がここまで自由に行われる前、今の状況から考えると理解し難いことが証券界ではよく行われていました。

その代表的な例が「女性は信用取引できない」ということ。「そんなバカな！」と思いますか？　残念ながら、これは日本の証券会社に普通にあったことです。もちろん今の時代に「はい、やってました！」と墓穴を掘るような発言をする会社はいないと思いますが、対面営業が中心の時代は女性が信用取引を行おうとしても、まず受け付けてくれない証券会社が大半でした。今から考えると驚くことですし、この時代にそれを行うとあっという間に炎上して、非難の嵐にさらされることでしょう。

インターネット証券が時代を変えた

それを最初に撤廃したのが、実はインターネット証券の草分け的な存在、松井証券です。信用取引の保証金の低額化、委託証券の保護預かり手数料の撤廃など、インターネット証券では普通と思われるようになったことも、松井証券が行った革新でした（松井証券の回し者ではないので、誤解はなさらないように）。

そもそも、あの時代は信用取引を始めようとしても、最低1,000万円の保証金が必要だったので、女性差別以前に「持っている投資資金による差別」ともいえるものでしたね。それが30万円くらいで始められる時代になってきたので、本当に便利になって来たものです。そのおかげで、皿洗いで学費と生活費を稼いでいた私のような貧乏留学生にも資産形成のチャンスが訪れたので、ありがたいことです。

レッドライニング

歴史を振り返ると金融においては女性差別のみならず、呆れるほどの各種の差別が存在していました。有名な例として、リーマンショックのときにも話題になったレッドライニングです。レッドライニングとは1930年代から1960年代にかけて、アメリカの多くの都市で行われた「住む地域によって」差別を行ったことを指します。銀行や住宅ローン会社が特定の地域や人種、そして性別に基づいて地図上に赤いラインで囲み、その地域に住む人を差別したことです。レッドライニングという名前は、ここから由来した言葉です。

レッドライニングに基づいて低所得者や黒人、また女性に対して、住宅ローンやクレジットカードの申請を拒否したり、高利率や厳しい条件を課したりしました。1960年代に入ってこの問題の是正を図るために多くの立法措置が取られていましたが、この差別はリーマンショックの発端になる矛盾を孕みます。

やはり歴史は繰り返すのか…

1990年代後半からアメリカで住宅バブルが進展、不動産融資は過熱しました。住宅は買っておけばとにかく上がるという神話ができあがり、銀行は住宅ローンの拡大に熱中します。優良顧客（プライム）向け融資が飽和状態になると、返済限度を無視した過大な融資を低所得層（サブプライム）に対して行ったわけです。はい、あの有名なサブプライムローンの始まりです。

差別を受けていた人たち向けの商品によってバブルが膨張、それを分析してバブルの崩壊を予見したマイケル・バリー（Michael Burry）によって空売りが行われ、金融機関は破綻に追い込まれる。歴史の矛盾と欲望の愚かさを感じさせる出来事ですが、人間は本当にここで教訓を得て、二度と同じ過ちを起こさないのでしょうか？

「はい！」と、自信を持って言えない理由はなんでしょう…？

「黄金の20年代」から「暗黒の木曜日」

空売りに関連してもう一つの出来事を考察しながら、この話を終わりにしたいと思います。ジョン・F・ケネディの父親ジョセフ・P・ケネディは「ケネディ王朝」の基礎を作り上げた富豪として有名です。

資産を築くきっかけになったのは、1929年の大恐慌時に行った空売りの利益だと言われています。「黄金の20年代」と呼ばれ、空前の好景気に湧いていた1920年代のアメリカ経済。株価は鰻登りで、だれもがその終焉を疑っていなかった時期、ジョセフは1929年の初頭、不景気の到来を予測し、株式市場から少しずつ撤退していきました。同年の夏、ウォール街にいたパットという靴磨きの少年が、靴を磨きながら「天井知らずなので、石油や鉄道を買うのがいい。情報通が今日ここに来たんですよ」というのを聞いて、株式市場から完全撤退を決めて、空売りに回ったそうです。

言い方は悪いですが、「靴磨きの少年でも予想できる株式市場は自分がいるべき市場ではない」と考えて、株価の暴落を予見したそうです。そして歴史に残っているとおり、1929年10月24日、「暗黒の木曜日」の大暴落が始まり、ジョセフは巨額の利益を築きました。

その後もリーマンショック、コロナショックなど、数々のショックを経験してきた人類ですが、大きな損失を出してしまう投資家が毎回出てくるのは笑えないことですね。

4時限目 下げトレンド加速期のトレード

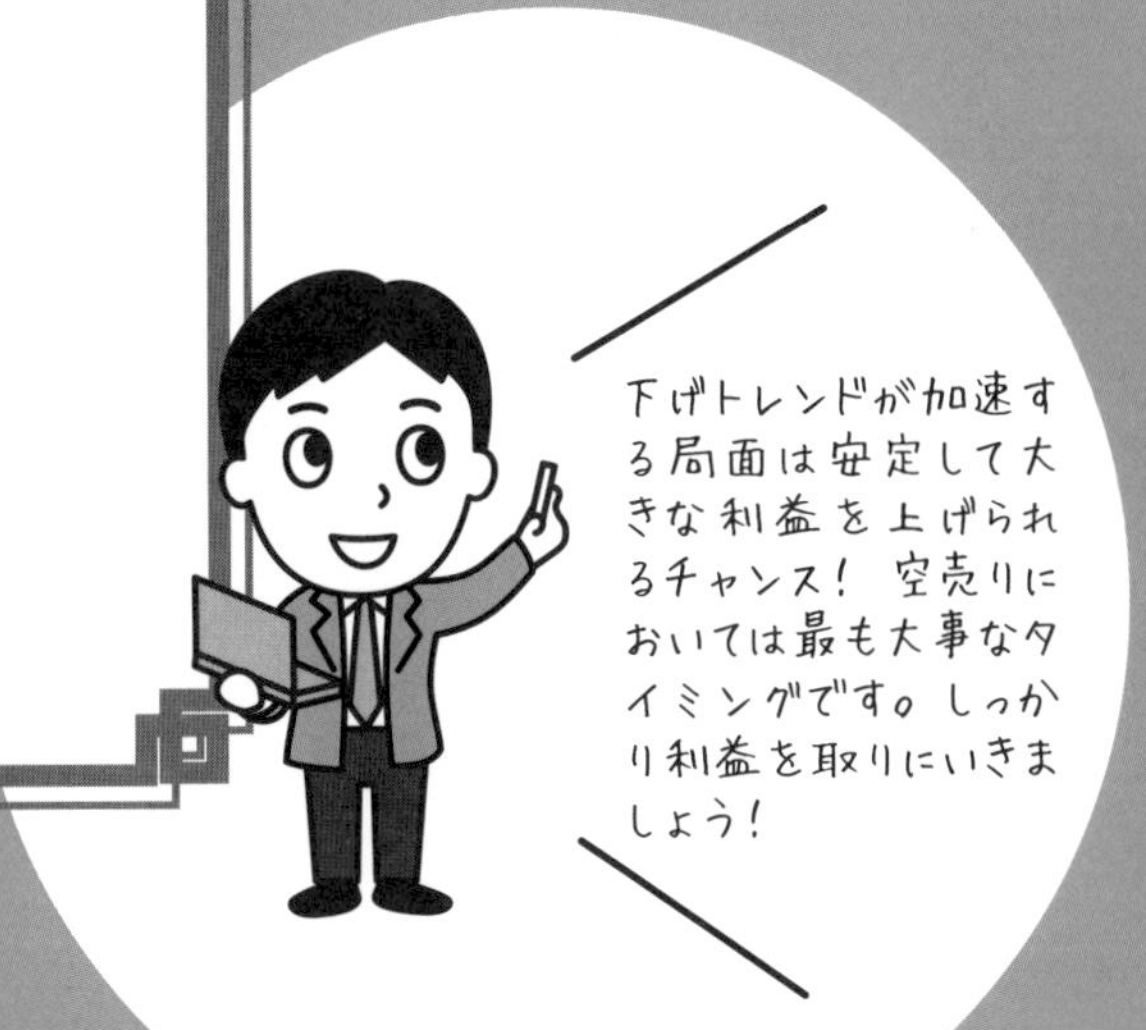
下げトレンドが加速する局面は安定して大きな利益を上げられるチャンス！ 空売りにおいては最も大事なタイミングです。しっかり利益を取りにいきましょう！

難易度
低 中 高

法則 8 空売り2回目のスタートの確認

「3時限目」の 法則5 で下げトレンドがスタートした空売りのトレードに対して、利益確定を行いました。その後のフォローで下に向かって再びトレンド転換して次のチャンスが到来していました。

もう一度、空売りを仕掛けて利益を重ねるときです。しかし、ここからは視点を変える必要があります。ここから同じ銘柄の続きで問題を解きながら、利益をますます大きくする方法を学びます。

ここからが大事なところです。後で確認すればわかる通り、空売りの利益幅はこの場面から大きくなるからです。下に向かってトレンド転換したので、機械的に空売りを仕掛けるのと、法則8 を覚えて実践するのとは、だんだん結果が違ってきます。

利益をより大きくするスキルを、しっかり学んでいきましょう。

法則8
2回目以降の空売りは位置を確認して戦略を立てる
⬇ 下げトレンドのどこにいるかでトレード戦略を変える

難易度 中

問題1 株価の位置で空売りの戦略を決める

Q1

利益確定の後、戻っていた株価が下に向かってトレンド転換しました。次のトレード戦略を立てるときに、最初に意識すべきことはなんでしょうか？

問題1 株価の位置で空売りの戦略を決める

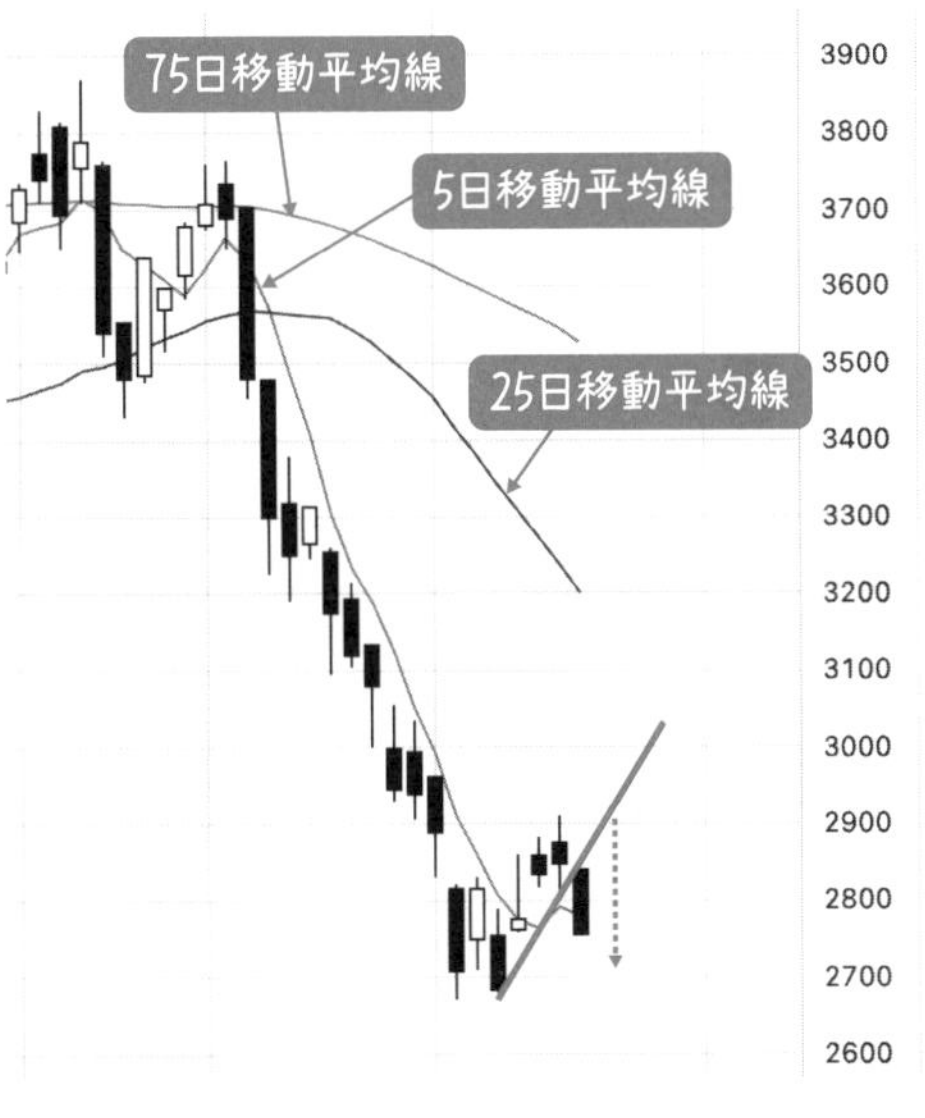

ヒント

「世界一やさしい 株の信用取引の教科書1年生」P150

下降2回目・3回目の「空売りポイント」の見つけ方

解答1

A1

下げトレンドが加速するときの特徴を認識して、戦略に取り入れる。

上に向かってトレンド転換線を描くと、3日ぐらい戻した後は下に向かってトレンド転換をしているのが確認できます。ここでやりがちなのが、トレンド転換したのでとりあえずトレードポイントを探す、早速空売りの注文を出すということです。しかし、実はその前にしてほしいことがあります。

それは**“株価の位置を確認する”**ことです。今自分がやろうとしているトレードは、空売りのスタート期なのか、下げトレンドが加速するステージでの空売りなのかを認識してトレードをする必要があります。

実際のチャートで見てみましょう。

Aが天井で、BとCで高値を切り下げて高値の切り下げ2

解答1-1 株価の位置を確認

回目が成立します。その次の高値がDで、Cから大きく切り下げています。この高値の切り下げ3回目で下げトレンドが加速しています。

これをステージ別に分けたのが、下の上図です。

トレードをスタートする前にやることは、自分がDのステージにいて、空売りのスタートステージではないこと、空売りがこれから早まろうとしていることを意識することです。

各ステージでトレーダーが意識すべきことを、このページの下にまとめました。

解答1-2 下げトレンドの認識

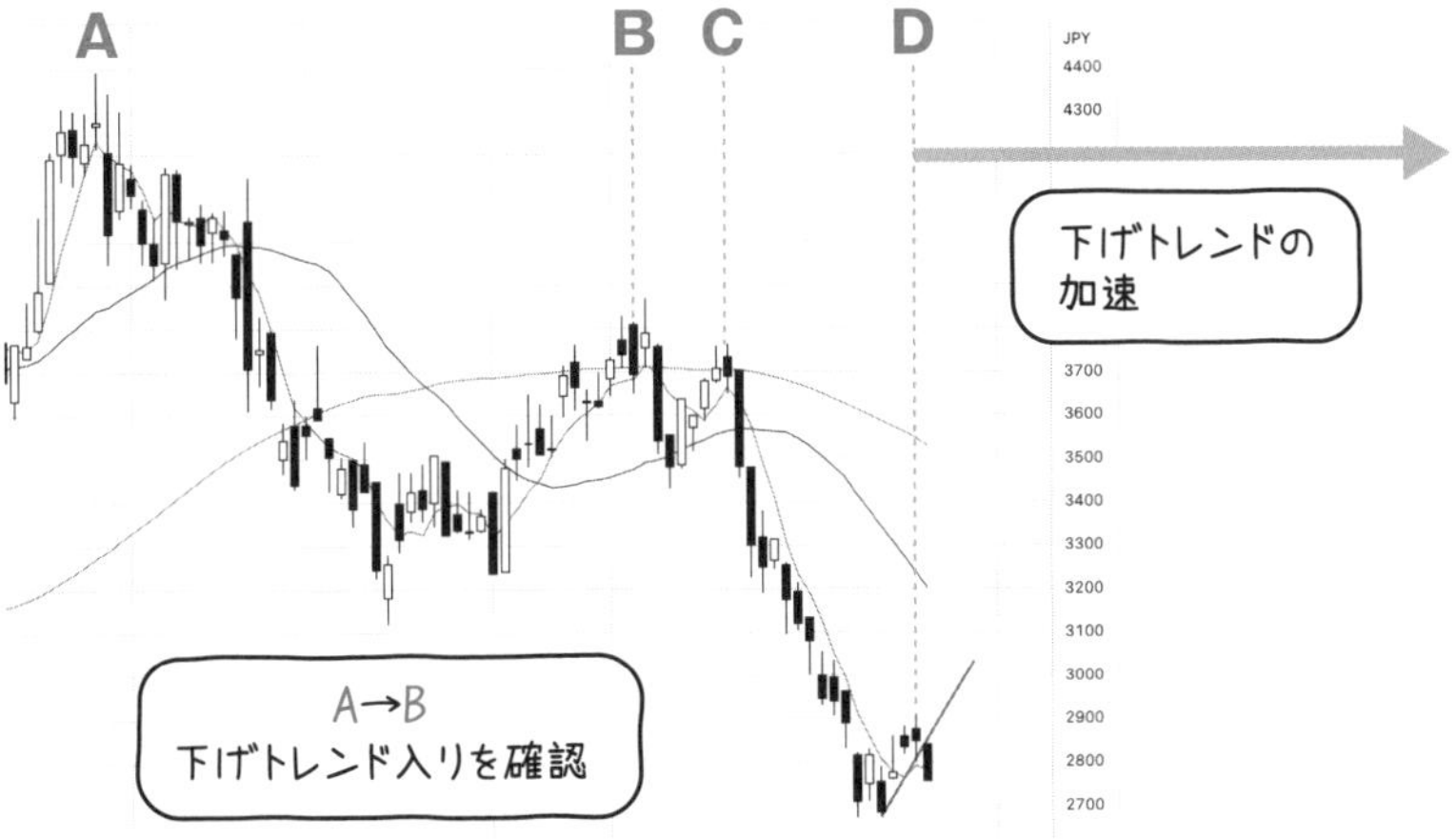

解答1-3 下げトレンドの進行

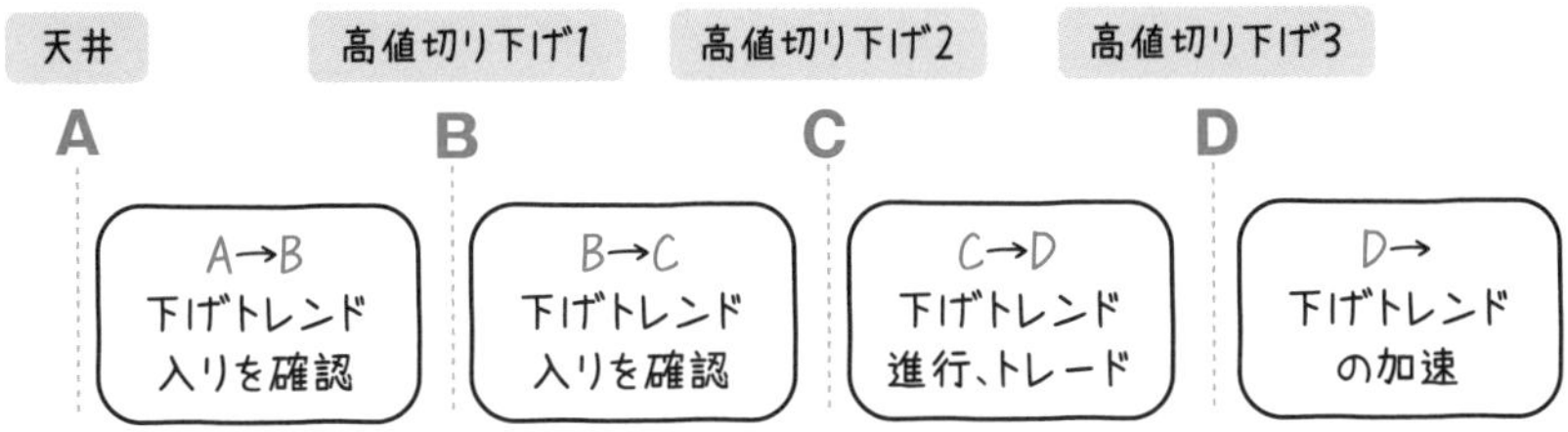

実際のトレードをするときにはこの図を参考に、「今やろうとしているのはDで、下げトレンドが加速している。それに合わせて投資戦略を実行しよう」と思えるようになったら100点です！

あれ、ちょっと待ってよ。100点と言われたのは嬉しいけど、それに合わせた投資戦略がわからないぞ、と思いませんか？

次の問題を解きながら、加速期における投資戦略を学んでいきましょう。

面倒そうに見えるけど、図を参考にしながら数回練習するだけですぐ慣れてきますよ。慣れるとそこから頭でも処理できるので、ぜひチャレンジしてみてください。

難易度
低 中 高

法則 9 下げトレンド加速期のトレードポイント

法則8のDの時点（109ページ参照）で必要な投資戦略は、難しいことではありません。すでに持っているスキルで十分です。

重要なのは、トレードポイントを設定した後の、下げトレンドの加速時における特徴を理解した行動です。

ここでは、実際のトレードポイントと、その後の流れを解きながら身につけていきます。

法則9　**空売り2回目：下げトレンド加速期の特徴を押さえよう**

⬇下げトレンドのスタートと加速の違いを理解する

難易度 中

問題2 空売り2回目のトレードポイント

Q2

下げトレンドが加速するDの翌日、Eの時点でトレンド転換しました。次の価格情報を使って、空売りのトレード価格を設定してください。

2-1 空売りのエントリー価格は？

2-2 ロスカット（損切り）の価格は？

問題2 空売り2回目のトレードポイント

ヒント

トレンド転換線に基づくトレード戦略は基本的に一緒

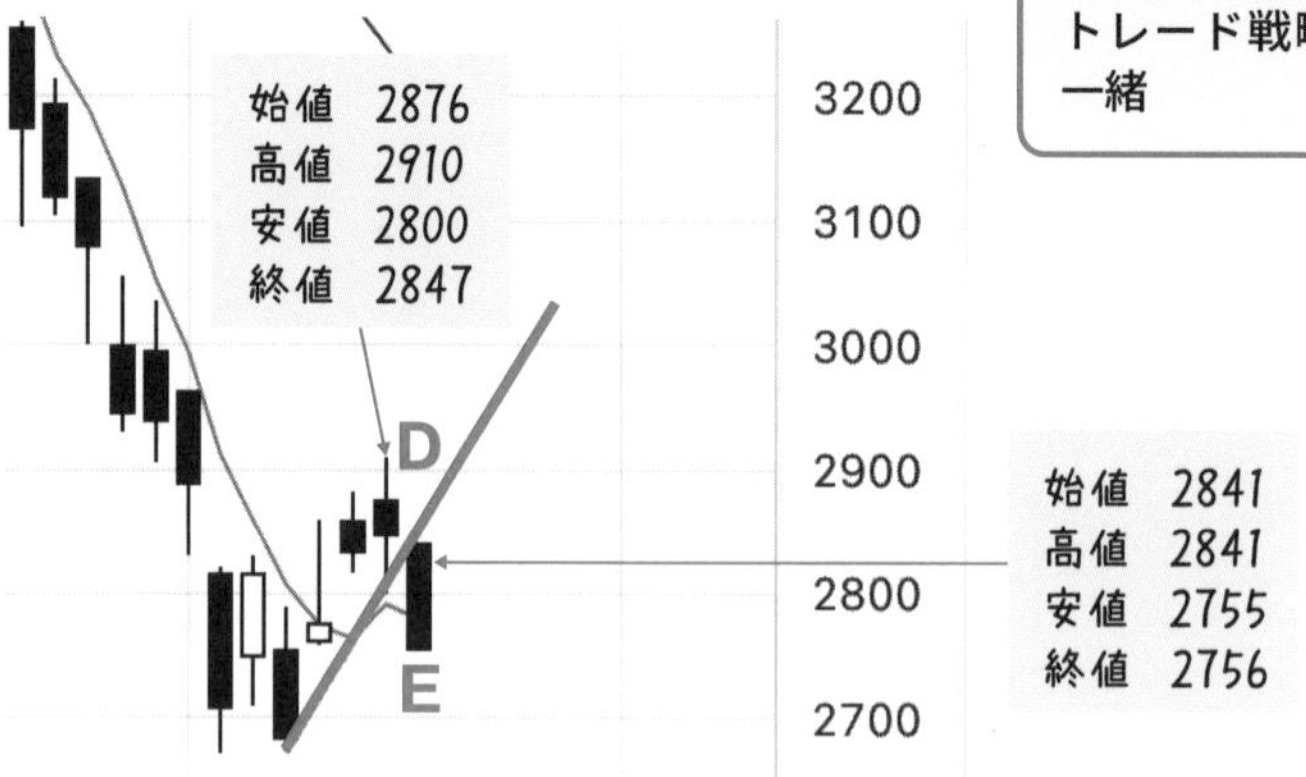

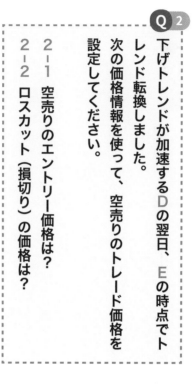

解答2

A2

2754円以下になると空売り、2912円以上になるとロスカット。ステージを理解したうえに、空売りスタート時のトレード戦略をそのまま使う。

ここまでの問題を解いて、応用問題までこなしてきたら、もはや難しいことは何もありません。次ページの図（解答2－1）で示しているトレードのポイントも難しくないでしょう。まだ難しいと感じる場合は、「3時限目」に戻ってもう一度問題を解いてみてください。

ここで一つだけ強調したいことは、下げトレンドが加速しているというのは、少しの変化で株価が激しく動くので、ロスカットの設定は「成行で買い戻す」設定を徹底することです。これは大事なので、必ず意識して実行するようにしてください。

加速ステージのトレードで重要なのは、約定した後です。

注文を出したEの翌日は、もう一度上昇して約定しません。空売りの注文を設定した2日後（E＋2day）にEの安値を下回って約定します（次ページの図・解答2－2）。その後は大きく下落して、下げトレンドが加速しています。

解答2-1 空売りエントリーポイントの設定

ロスカットの設定
Bの高値
＋
2 呼値単位
（B - 2）

→

ロスカットの設定
2910＋2
＝2912円以上
になると成行

↑

空売りの設定
トレンド転換の安値
－
1 呼値単位
（A - 1）

→

空売りの設定
2755－1
＝2754円以下
になると2749円

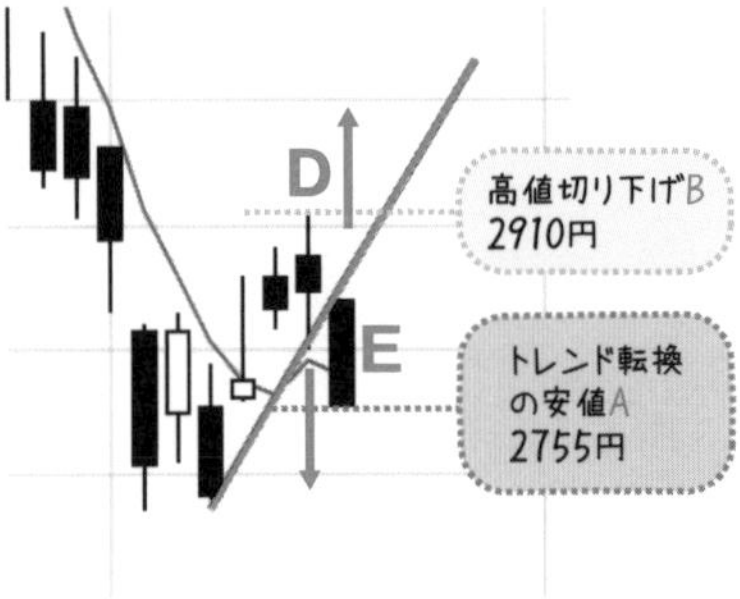

解答2-2 空売り約定の確認とその後の推移

翌日はもう一度上昇して約定なし。
設定した2日後（E+2day）に約定

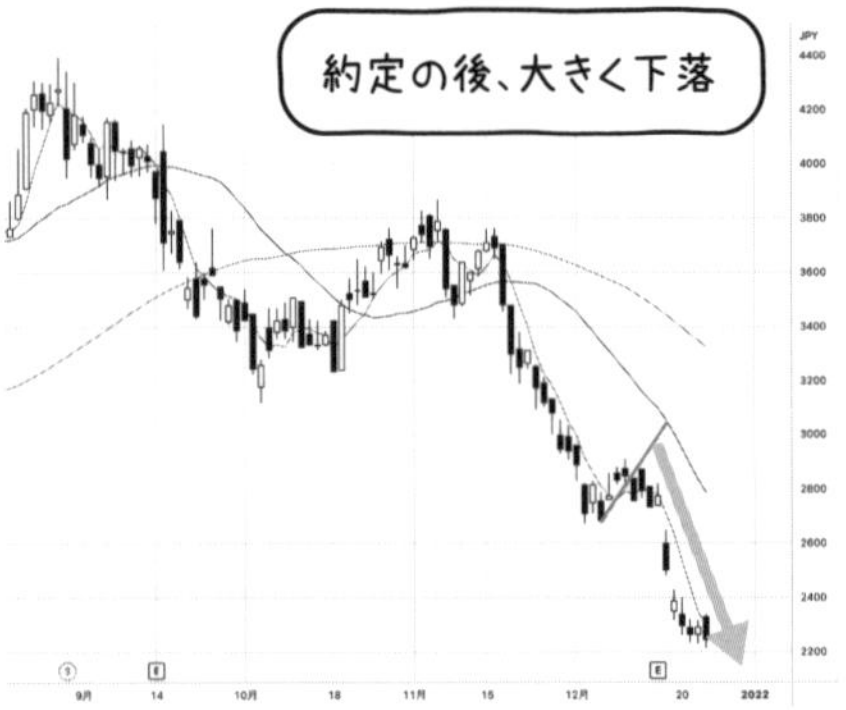

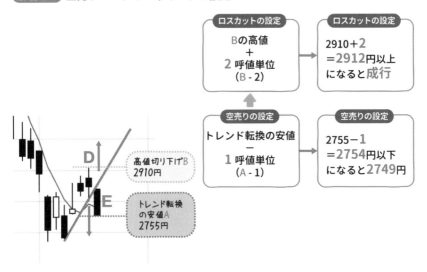

下げトレンド加速期の特徴を押さえよう

下げトレンドのスタート期と加速期の違いはスピードにあります。スタート期は日足が前日のものと離れるギャップが少なく、よりゆっくり下がっていきます。

反面、加速期は連続でギャップを空けながら、下げのスピードがどんどん速くなっていきます。「加速期」という名前そのままですね。

さらに、スタート期は一回止まって上に向かってトレンド転換すると、高い確率で転換した高値を上に抜けて利益確定がしやすいのが特徴です。

一方、加速期は一回下げ止まったかと思ったらまたすぐ下に向かって下げ始めるので、利益確定のタイミングを捉えるのが難しくなります。

利益を早く確定してしまうと、またすぐ下げ始めて、取れるはずだった利益が取れないことになります。次の問題でその問題点を解決していきます。

解答2-3 下げトレンドの各局面の特徴

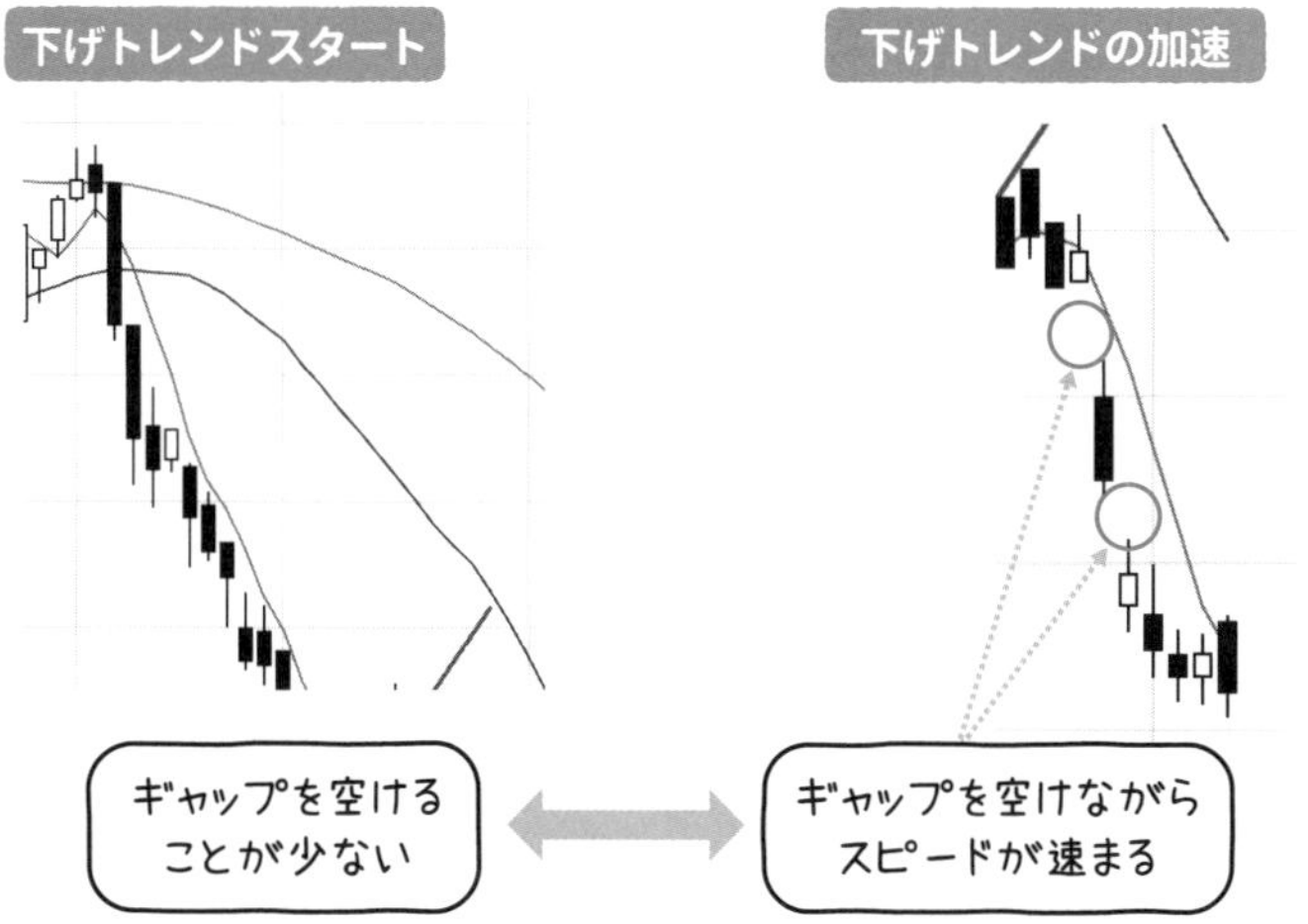

難易度
低　中　高

法則10 トレンド加速期のトレンド判断

トレンド転換線の描き方を覚えて、下げトレンドに変わったことを判断することまでできたので、空売りを仕掛ける環境は整いました。

問題は仕掛ける際の価格をいくらにするかです。では、次の問題を解きながら実際のトレードポイントを明確にしましょう。

法則10
マルチトレンド転換線で利益を極大化する
⬇下げトレンド加速の判断はマルチトレンド転換線で決める

難易度
高

問題3 下げトレンド加速のトレンド判断

Q3

下げトレンドが加速しています。下げトレンドが続くこのプロセスを見て、利益確定を設定するところは何箇所あったかを見つけてください。

問題3 下げトレンド加速のトレンド判断

ヒント
各々のところにトレンド転換線を描いてみましょう

解答3

A3

各々のところにトレンド転換線を描いて、トレンドが短く変化することを確認する。

トレンドが進む各場面においてトレンド転換線を描いてみましょう。もちろん、トレンド転換すると、その高値を上に抜けるところに利益確定を設定するのも一緒です。

このときのポイントは、トレンド転換線を消さずに残していくことです。そうすることで、自然に複数のトレンド転換線が残ります。これが、**マルチ・トレンド転換線**(Multi Trend Line: MTL)です。

順番通りに説明していきましょう。

下図の**1**の場面でトレンド転換線を描くと(**トレンド転換線1**)、最後の陰線でトレンド転換しているのがわかります(**トレンド転換1**)。

解答3-1 トレンド転換線を残す、重ねる

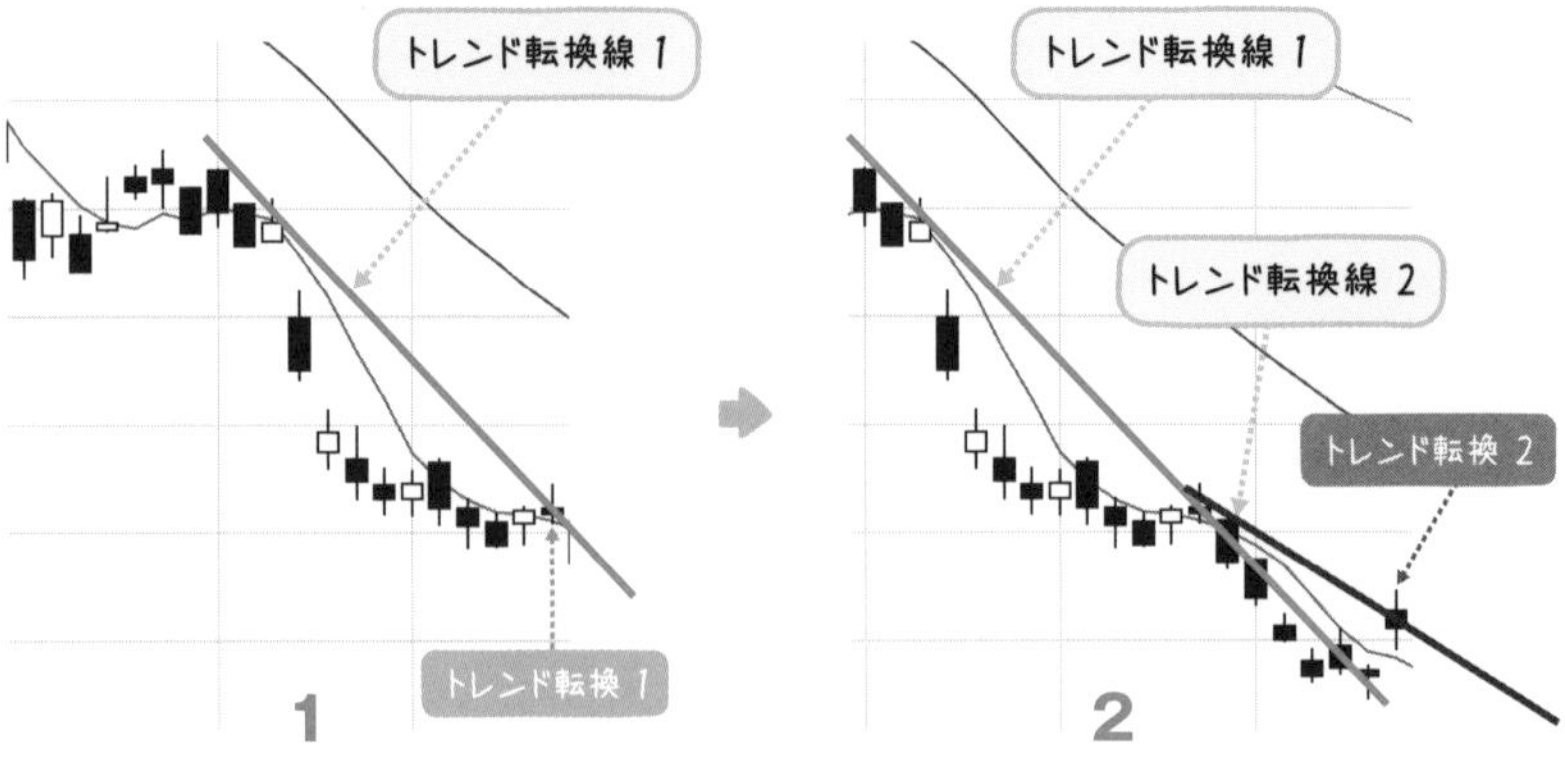

この高値を上回ると利益確定するように設定しますが、超えることはなく再び下げ始めます。下げが進んだ2で新たなトレンド転換線を描いています（**トレンド転換線2**）。

このとき、**トレンド転換線1**は残した状態で描きます。ここでも**トレンド転換2**で転換しているので、利益確定の注文を設定します。

こちらも**トレンド転換2**の高値を超えられず、再び下げます。下げトレンドが継続する間、**トレンド転換線1・2**を残したまま、新たな線を描き加えます（下図・**トレンド転換線3**）。

トレンド転換したけれど、その高値を超えられず、またすぐ下げるこのような動きは下げトレンド加速期によく見られる現象です。新たな高値が造られる度に利益確定の注文を設定しておくと、自然に利益を確保でき、その利益が増えていくことがわかります。

マルチ・トレンド転換線（以下、**MTL**と表記しま

解答3-2 トレンド転換線を残すことでトレンドの変化を把握

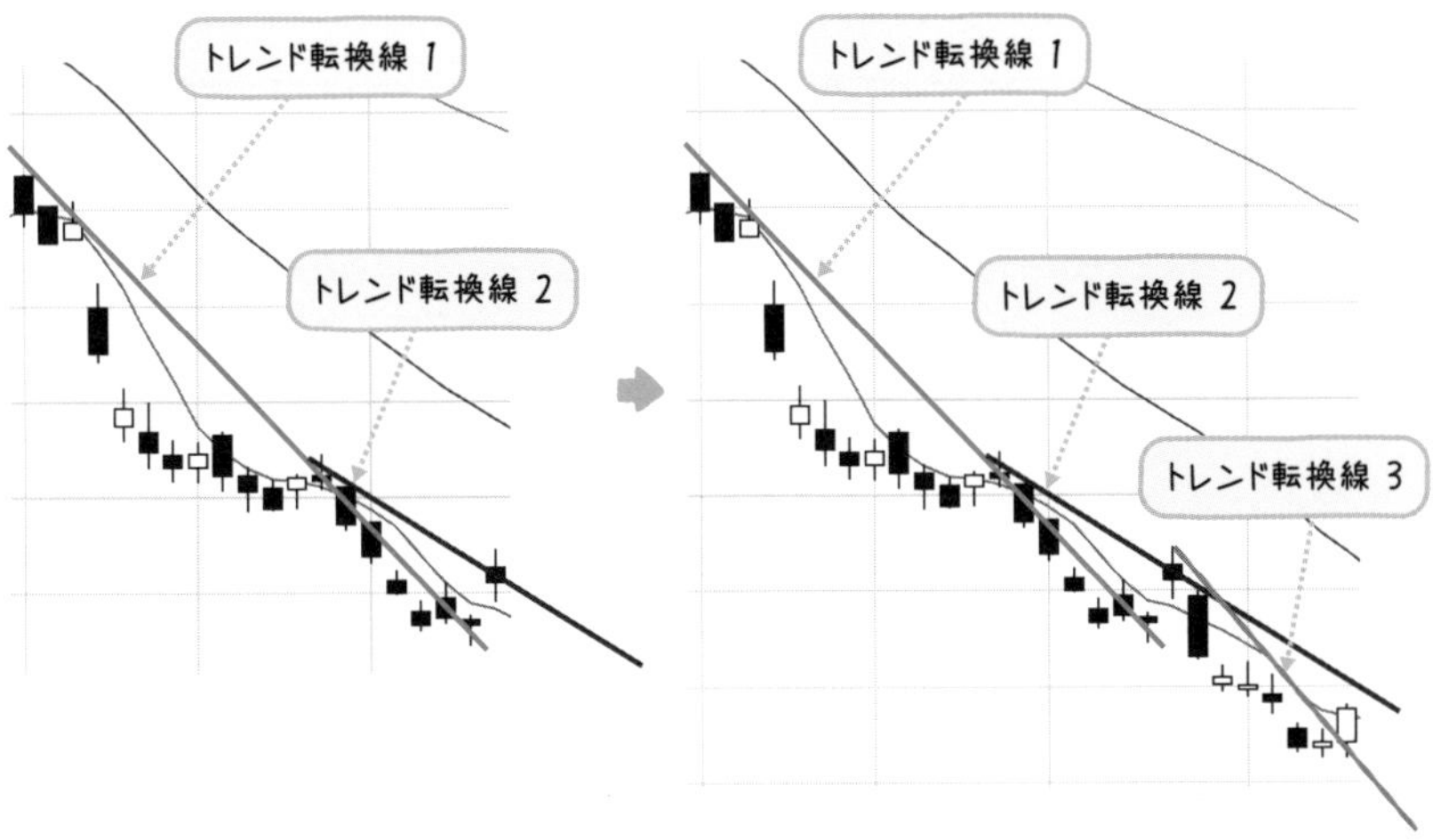

す）のもう一つのメリットは、トレンドの進行具合が一目でわかるということです。**トレンド転換線1 - 3**を取り出した下図をご覧ください。

トレンド転換線1から2への変化は、傾きが緩やかになり、下げトレンドが少し弱まったことを示しています。しかし、すかさず下げて転換線3になったので、下げトレンドが再び加速しているのがわかります。

下げトレンドが「**進行→弱まる→加速する**」プロセスが見えるので、「トレンドがまだ進行中なので慌てる必要はない。まだ保持しよう」というような投資判断を行うことができます。

同時に「トレンドが加速しているので、売られ過ぎ（割安）の領域に近づいている」という見通しを立てることもできます。

現在のトレンドを判断することもでき、目先の見通しも立てられる。MTLはこれほどのメリットがあります。身につけておくと、必ず役に立つスキルです。

解答3-3 **トレンドが弱まり、また強くなる**

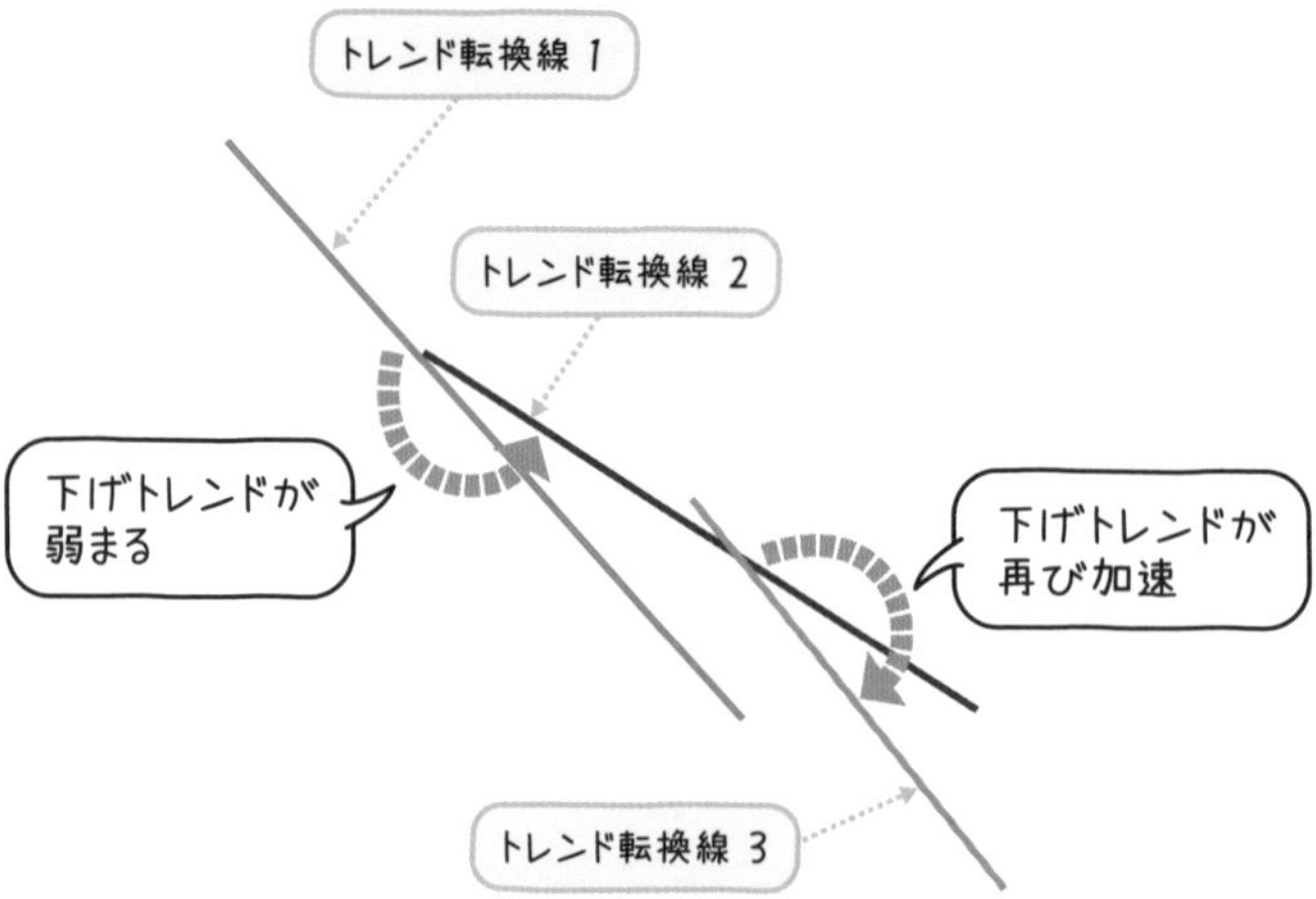

「5時限目」では利益確定をするとともに、最後の暴落局面でのトレード、割安圏と判断して空売りを止めるタイミングを見つける方法について練習します。

空売り達人への最後の道です。頑張って読破しましょう！

応用編 他の金融商品にもMTLを使ってみよう

この「4時限目」で学んだMTLを他の時間軸、金融商品にも使ってみましょう。

こちらも、本の特設サイトでわかりやすく解説していますので、ぜひアクセスして理解を深めてください。

特設サイト【応用編】の解説

(https://tbladvisory.com/online/courses/book007)

難易度

高

問題 WTI 原油先物の空売りでMTLを活用

Q WTI

これはWTI原油先物の4時間足です。下げが加速する領域でMTL（マルチ・トレンド転換線）を描き、利益確定を設定するポイントを見つけてください。

問題 WTI 原油先物の空売り

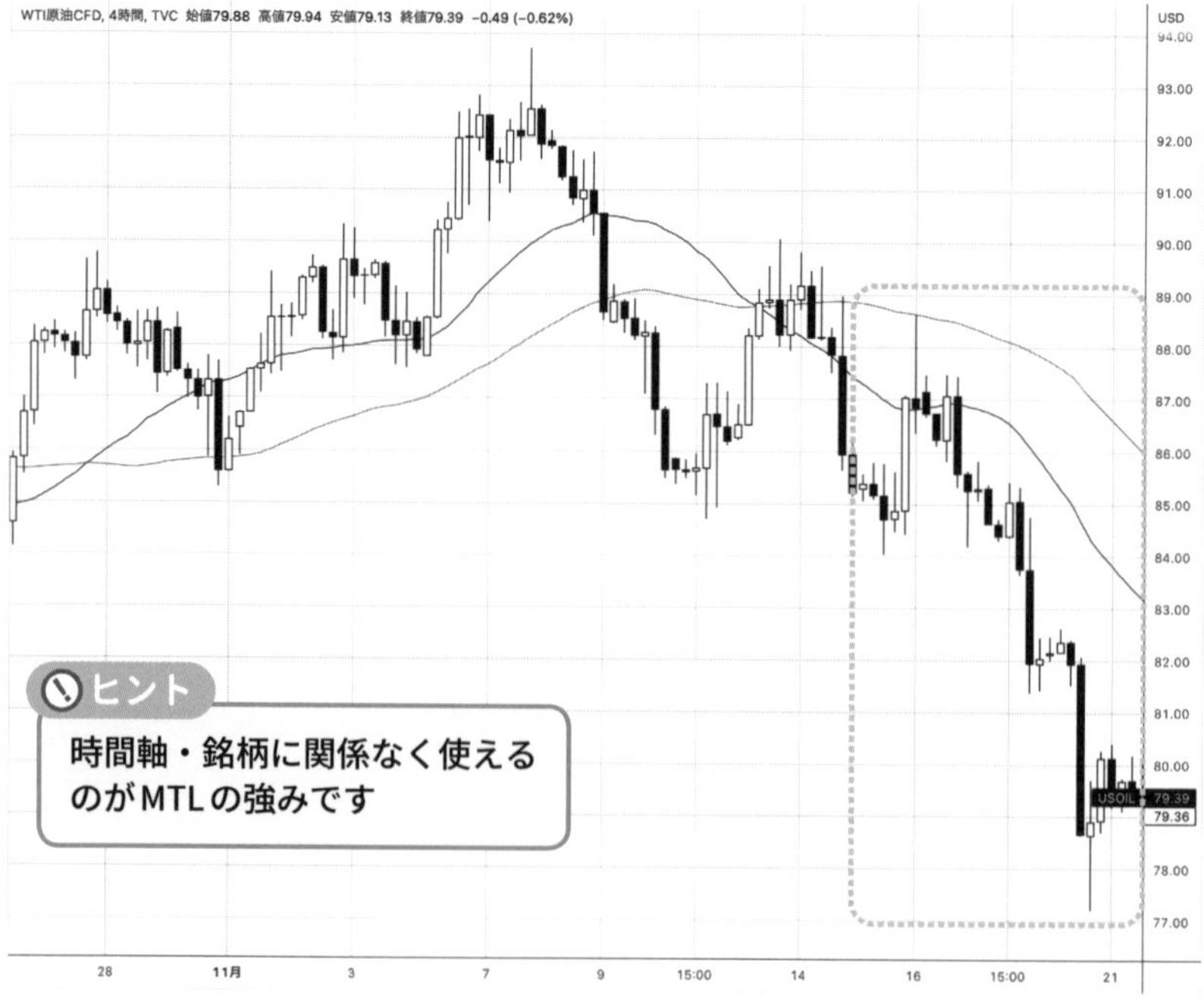

ヒント

時間軸・銘柄に関係なく使えるのがMTLの強みです

解答WTI

3つのMTLを描ける

一気に描くと難しいので、3段階ほどに分けて描きながらポイントを見つけましょう。

解答 WTI 原油先物の空売り

最初のトレンドラインは割と簡単に見つけることができるでしょう。

陽線でトレンド転換したのを確認して、その高値を上に抜けるところに利益確定の注文を入れても、再び下げるので約定はありません（前ページの図・左上）。

さらに下げたところでもトレンド転換線を引いて、上に向かってトレンド転換したことを確認できます（前ページの図・右上）。このポイントでもやはり高値を上に抜けてこなかったので、買い戻しの注文は約定しません。

約定しなかったというのは下げが継続したという意味なので、さらに下げています。

最後のトレンド転換線を描き、ＭＴＬは３つ目になります（前ページの図・下）。こちらもまた高値を抜けないので、まだ保持することになります。

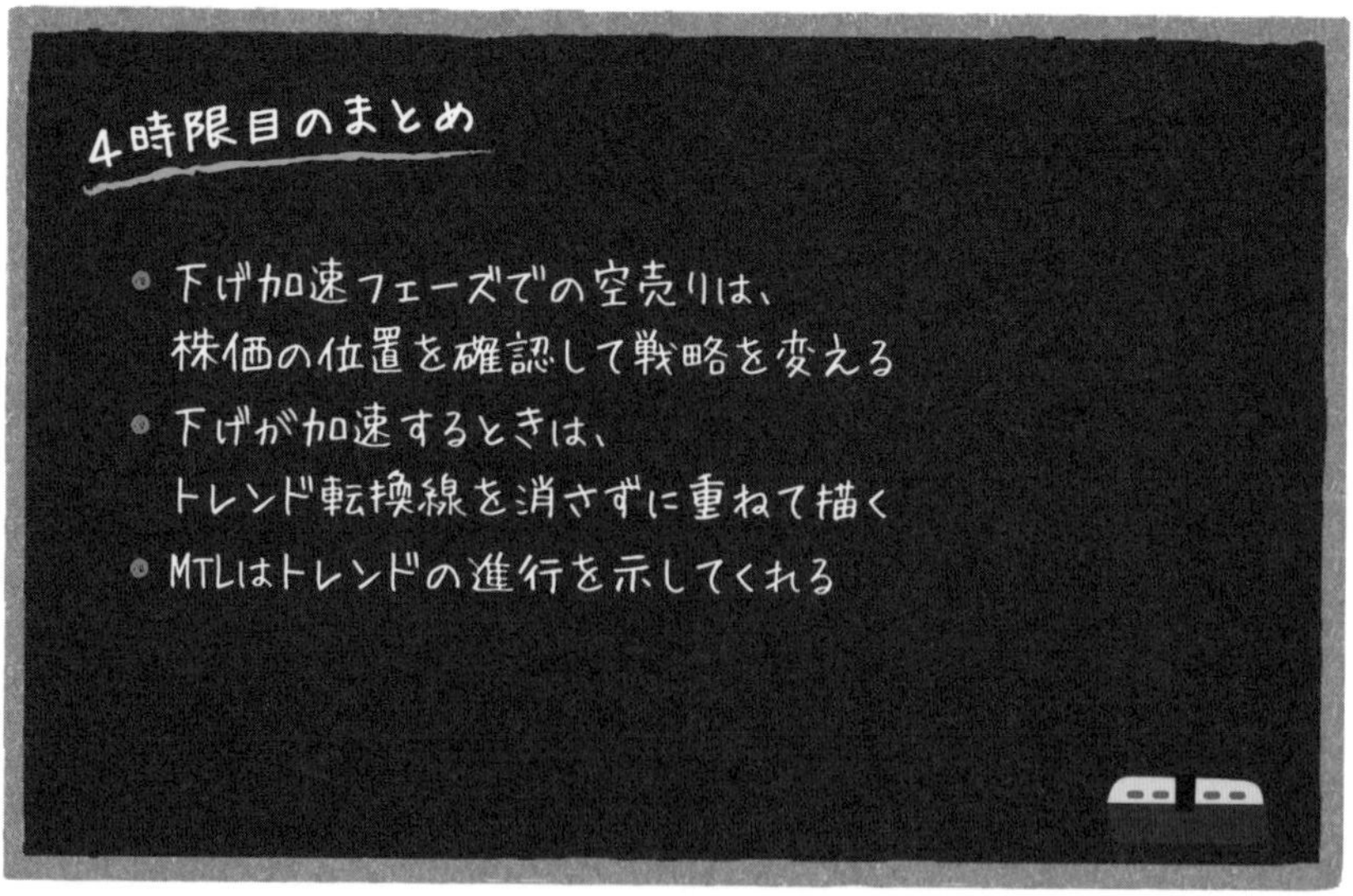

4時限目のまとめ
下げ加速フェーズでの空売りは、株価の位置を確認して戦略を変える
下げが加速するときは、トレンド転換線を消さずに重ねて描く
MTLはトレンドの進行を示してくれる

5時限目 暴落期のトレード

いよいよ下げトレンドの
最終局面、暴落を制
するところまできました。
自分 についているかもし
れない慣性を、どのよ
うに断ち切るかも含め
て覚えていきましょう!

難易度
低　中　高

法則 11 トレンド加速後の利益確定

下げトレンドが加速するタイミングでマルチ・トレンド転換線を使って、トレンドの進行を判断する方法について学習しました。

「5時限目」では加速期の利益を確定するとともに、最後の暴落局面においてトレードする、下げトレンドの終わりをキャッチして空売りを中止する方法について学んでいきます。ここまでマスターすると、あなたも立派な空売り達人！　早速学んでいきましょう。

マルチ・トレンド転換線を描きながら下げトレンドは加速、利益は拡大してきます。この法則では下げトレンドが進行してきた局面において、利益確定方法とフォローの方法について学びます。

法則11 マルチ・トレンド転換線＋上向きトレンド転換で利益確定
⬇下げトレンド加速の利益確定はマルチトレンド転換線＋上向きトレンド転換線で決める

難易度 高

問題1 下げトレンド加速期の利益確定

Q1

マルチ・トレンド転換線を使ってトレンドに乗せてきました。3本の線を描いてトレンド転換をしたこの日、次の価格情報を使って、空売りの利益を確定する価格を設定してください。

1-1 いくらになったら、利益確定しますか?

1-2 その注文が成立しないのは、何を意味しますか?

1-3 注文が約定すると、その後にすることは何でしょうか?

問題1 下げトレンド加速期の空売りの利益確定

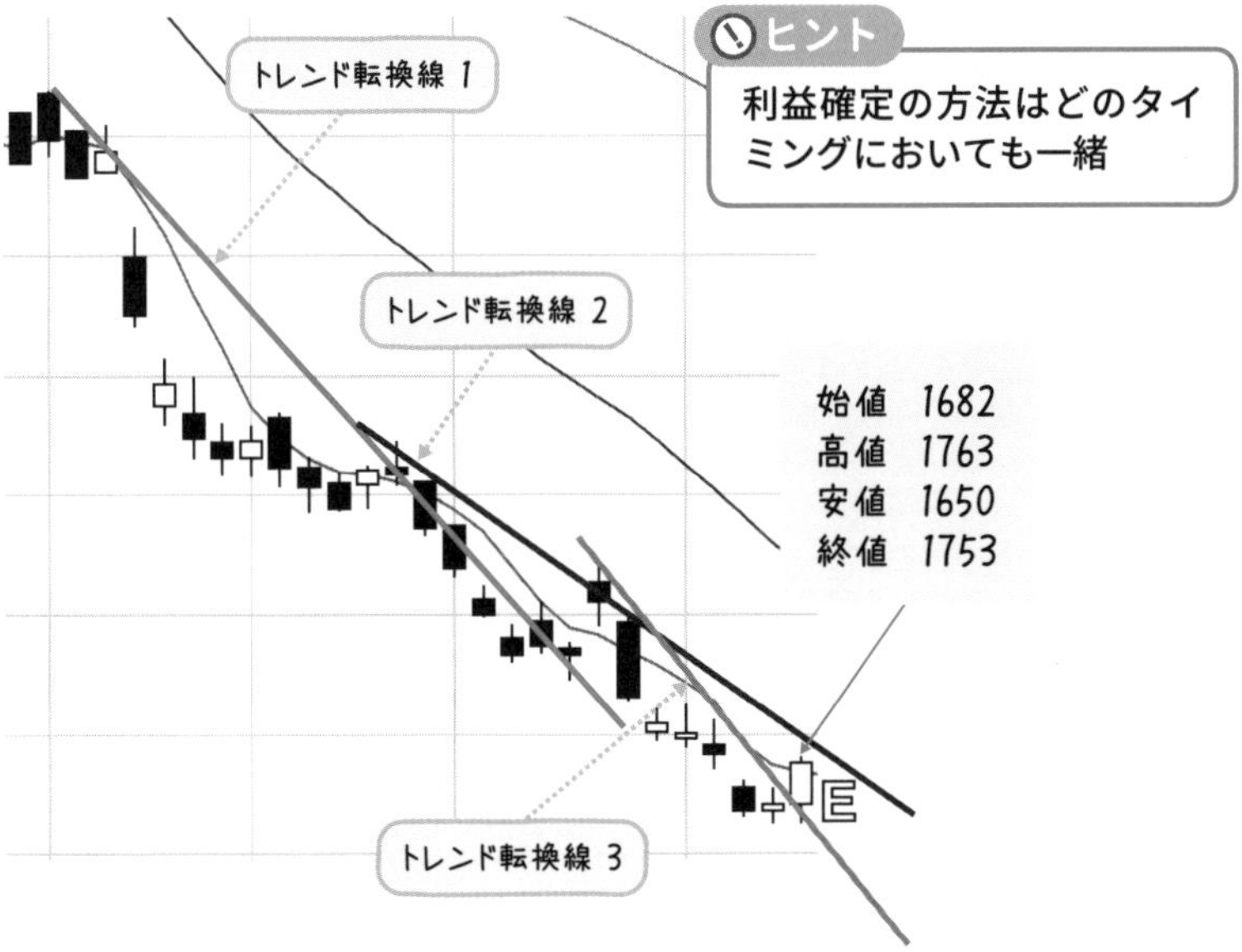

解答1

A 1

1-1　1765円以上になったら、利益確定の買い戻し。

1-2　注文が約定しないのは再び下げ始めて、下げトレンドが終わらなかったことを意味する。

1-3　注文が約定すると、どのステージに進むかを気にしながらフォローする。

加速した後の利益確定も、基本設定は変わりありません。3つ目のトレンド転換線を上に抜けてきたEの高値を確認すると、すぐに設定することができます。

この日の高値は1763円なので、ここに2円を足した1765円以上になるというのが利益確定の注文を出す条件になります。

注文価格は成行なので、まとめると「1765円以上になると成行で買い戻しをする」というのが正しい注文で

解答 1-1　トレンド転換の確認と利益確定

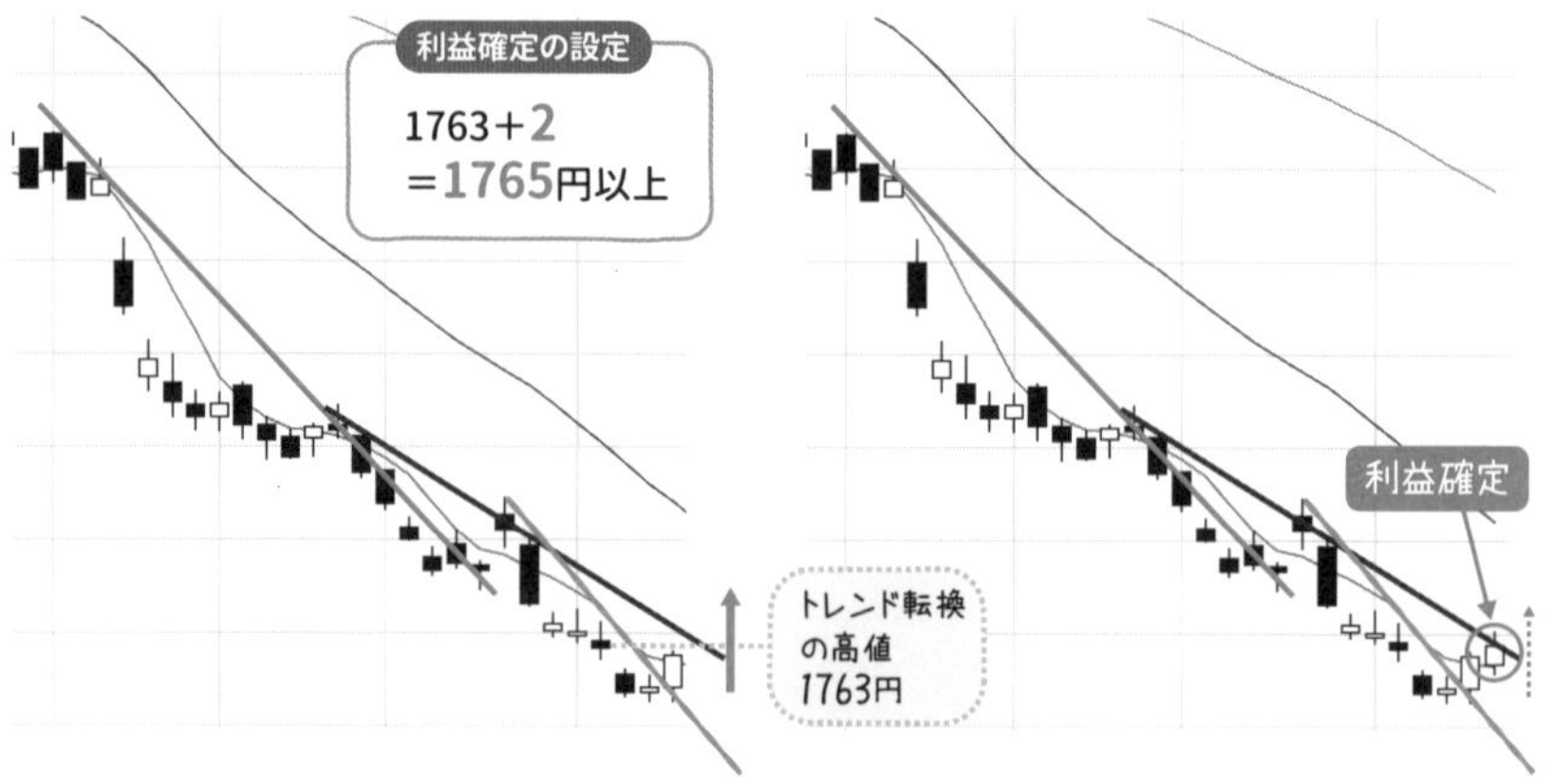

す。注文を出した翌日には転換した高値を超えたので、早速利益確定の注文が約定しました。

この注文が成立しないのは、何を意味するのでしょうか？　上値を抜けることに失敗したので、再び下げがスタートしたということです。では、次にやることは？　はい、今度は４本目のトレンド転換線を描きます。描きながら継続してフォローし、次のトレンド転換を待ちます。

利益確定ができた後は、やることは？　もうわかりますね？　この位置は下げの加速期なので、ここからまた下げ始めると、最後の暴落局面が残っています。

つまり、今回のフォローは、加速期と違って暴落期に入っていくことになり、これが最後の空売りチャンスになる可能性が高いということを意識する必要があります(下図の右側)。

これが前回との違いです。そして、また短い時間で下に向かってトレンド転換しました。最後の暴落局面で大きな利益を上げるトレードに移行しましょう。

解答 1-2 利益確定後のフォローは、1つ以外は最初のトレードと変わらず

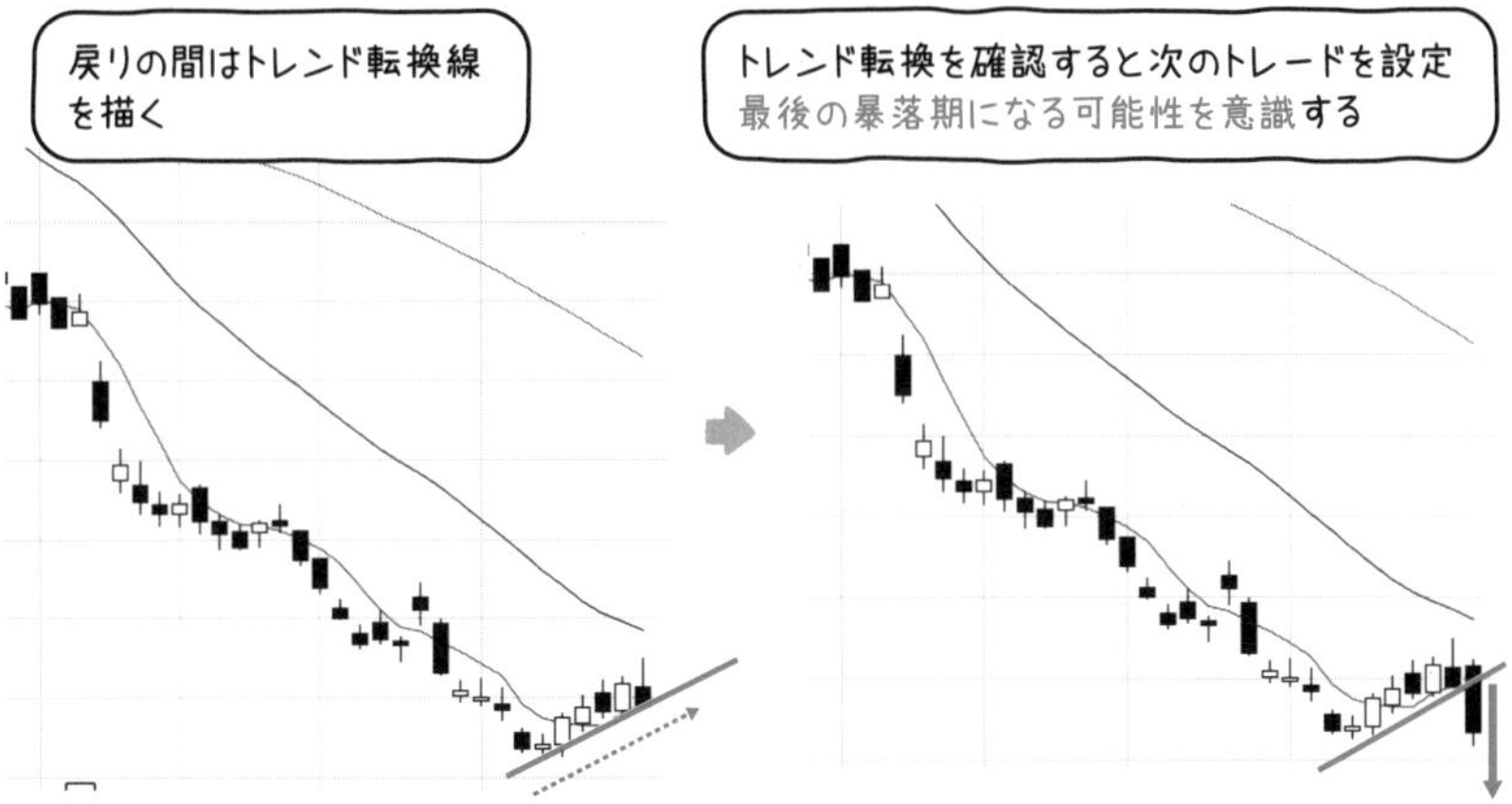
戻りの間はトレンド転換線を描く
トレンド転換を確認すると次のトレードを設定
最後の暴落期になる可能性を意識する

応用編❶ 他の銘柄にもMTLを使ってみよう

ここまで学んだMTLでトレンドを追いかけながら利益を大きくしていくスキルを別の銘柄に使ってみましょう。

解説は本の特設サイトで行っています。ぜひアクセスして理解を深めてください。

難易度 高

応用 任天堂<7974>の空売り

Q 応用

これは任天堂<7974>の日足です。下げトレンドが続くこのプロセスを見て、マルチトレンド転換線を描き、利益確定を設定するポイントを見つけてください。

応用 問題1 任天堂<7974>の空売り

ヒント
2、3をまず隠してから転換線を描いてみよう

解答

A 応用

トレンド転換線を3つ描くことができます。利益確定のポイントは各々の転換ポイントで見つけられます。詳しく下の図を参照してください。

まず、トレンド転換線を描けるところを押さえていきましょう。

まず、1では2つの転換線を描くことができます。**トレンド転換線1**で転換したことを確認できたと思った次の日には、すでに下に向かって下落を始めます。この時点で、すでに次のトレンド転換線が描けるようになっています。

応用 解答 1-1 マルチトレンド転換線

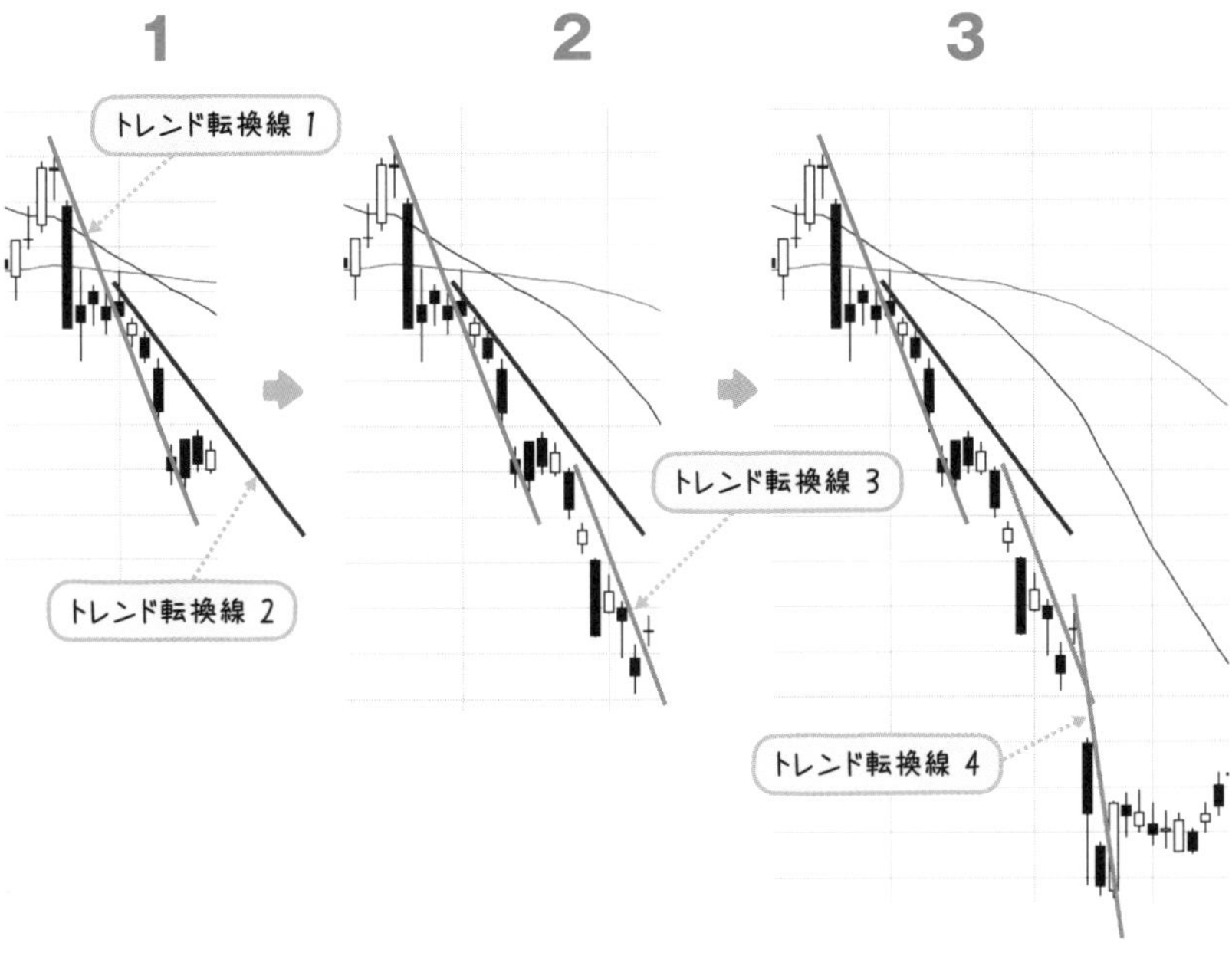

下図を見ると、**トレンド転換線2**で上に向かって転換することもなく、そのまま下落したので、早速次の**トレンド転換線3**を描いています。この転換線の最後の日には上昇して、転換線を上に抜けてきたことが確認できます。

この日足の高値を超えることもできず、さらに大きく下げて、**トレンド転換線4**はほぼ一直線になっているのがわかります。この線を陽線が抜けてきてようやくトレンドが転換、翌日には早速高値を超えて利益確定になりました。

応用 解答 1-2 利益確定の設定ポイント

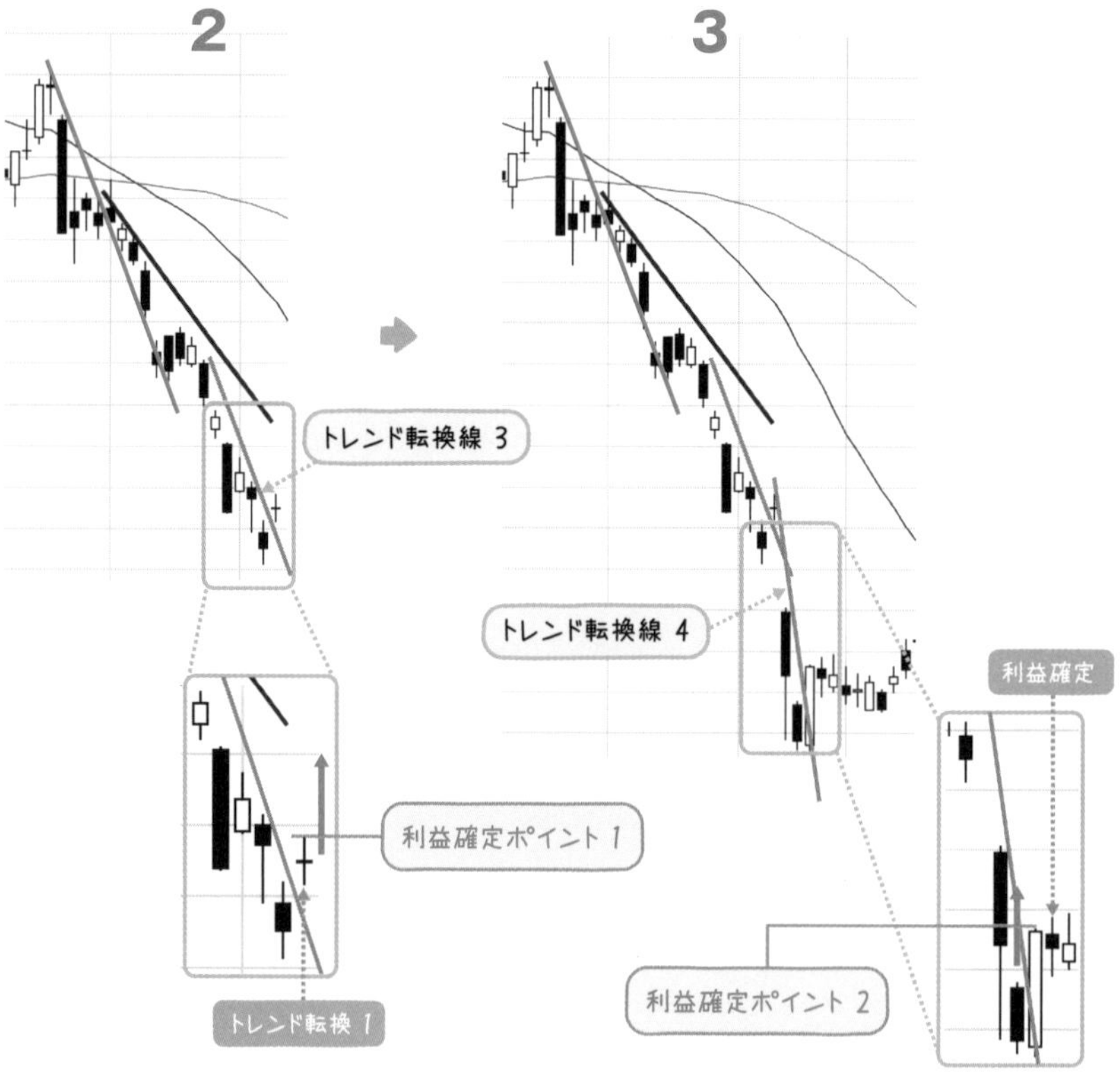

難易度
低　中　高

法則12 空売り暴落期のトレード

下げトレンドが加速するタイミングを過ぎて、MTLに基づいて利益確定までできました。そして、もう一度下に向かってトレンド転換しました。

ここから意識して行うことと、捨てるべき考えとは？　問題を解き、フォローしながら覚えていきましょう。

マルチ・トレンド転換線を描きながら下げトレンドは加速、利益は拡大してきます。

この法則では、下げトレンドが進行してきた局面においての利益確定方法とフォローの方法について学びます。

法則12
暴落の後は慣性を捨てて、トレンドの変化を捉える
⬇トレンドが変わったことに気づかないままだと損につながる

難易度 中

問題2 空売りの進行度合いを確認する

Q2

A時点で下に向かってトレンド転換しました。

2-1 以前の下げトレンドとこの局面の違いはなんでしょうか?

2-2 トレードの後に注意する点について説明してください。

問題2 空売りの進行度合いを確認する

ヒント
「世界一やさしい 株の信用取引の教科書1年生」P158
下降の最終局面の見極め方

解答2 A 2

2-1 下げの最終ステージであることを確認する。
2-2 下げトレンドの終わりを確認して、トレードをやめる&上昇に切り替え、逆にする。
※下げの最終ステージであることを確認してトレードする。

随分と下げてきていますね。しかし、永遠に上がる株は存在しないように、永遠に下がり続ける株もありません。いずれは下げ止まり、上昇トレンドに変わっていきます。

このタイミングで大事なことは、下げトレンドの終わりに近づいてきたことを確認して、最後のトレードを設定することです。A時点におけるトレンド転換は、以前の局面とは全く異なるわけです。

株価が下げの最後の局面に来ているのかを確認する4つのポイントが、確認作業の土台になります。

解答2-1 空売りの最終局面である可能性を確認

① 安値切り下げ、高値切り下げが3回以上

安値と高値を3回以上切り下げてきたのかが、最初の確認ポイントです。

3回以下だとまだ下げが甘く、さらに下げる余地を残していると考えていいでしょう。

② 下げトレンドが続いた期間が2カ月以上

1カ月や1カ月半くらいの下げ期間しかない場合は、まだ下降トレンドが続いている場合が多いです。

少なくとも、2カ月から3カ月以上下げてきたかを確認してください。

③ 25日線の抵抗が終了

下げトレンドが続く時の特徴の一つは、25日移動平均線が抵抗として働くということです。

前ページの図「解答 2－1」でも下げトレンドが進むにつれて、株価が25日移動平均線まで戻ると抵抗に遭って、下げる動

解答 2-2 下げトレンド最終局面での確認ポイント

1. 安値切り下げ、高値切り下げが3回以上
2. 下げトレンドが続いた期間が2カ月以上
3. 25日線の抵抗が終了
4. 75日線の抵抗が終了

きを継続していることがわかります。下げトレンドが終わるためには、まずこの25日移動平均線の抵抗を突破する必要があります。

④ 75日線の抵抗が終了

25日移動平均線の抵抗を突破しただけでは、まだ安心はできません。今度は長期の移動平均線が意識され抵抗になるからです。135ページの図「解答 2−1」でも、25日移動平均線の抵抗を突破した後も75日移動平均線の抵抗に遭い、再び下げてしまう場面を確認することができます。

以上の4つを確認してクリアすれば、株価は最後の暴落局面に来ていると想定して大丈夫です。それでは、最後のトレードを設定して追いかけてみましょう。

暴落期を捉えるスキルを身につけよう

トレンド転換を確認して、その安値が割れるところに空売りを設定するのはここまで何回もやってきたので、難しいことはないでしょう。

Aの安値が4405円なので、それより1呼値単位（5円）を引いた4400円で空売りを設定するだけです（次ページ「解答 2−3」の左図）。

翌日は早速安値を割り込んで約定し、その後はギャップを空けながら下げて、さらに加速しています(下の図「解答２－３」の右)。

次ページの図「解答２－４」を見ると、約定してからギャップを空けて下げ始めた株価はほぼ一直線で下落します。これで最後の暴落期を迎えます。暴落期を経ることによって売るものはほぼ出尽くし、割安圏に進みます。

そうすると、昨日までの暴落が嘘のように止まって、最後の安値が強く意識されます。次の安値はここまでの安値切り下げにはならず、ほぼ同じところで止まって反発をします。

ここからの行動が大事です。最後の暴落局面まで入れると大きな利益を上げているので、トレーダーの心理は「この銘柄は常に空売り」になっています。慣性がついているということです。

解答 2-3 空売りポイントの設定と約定

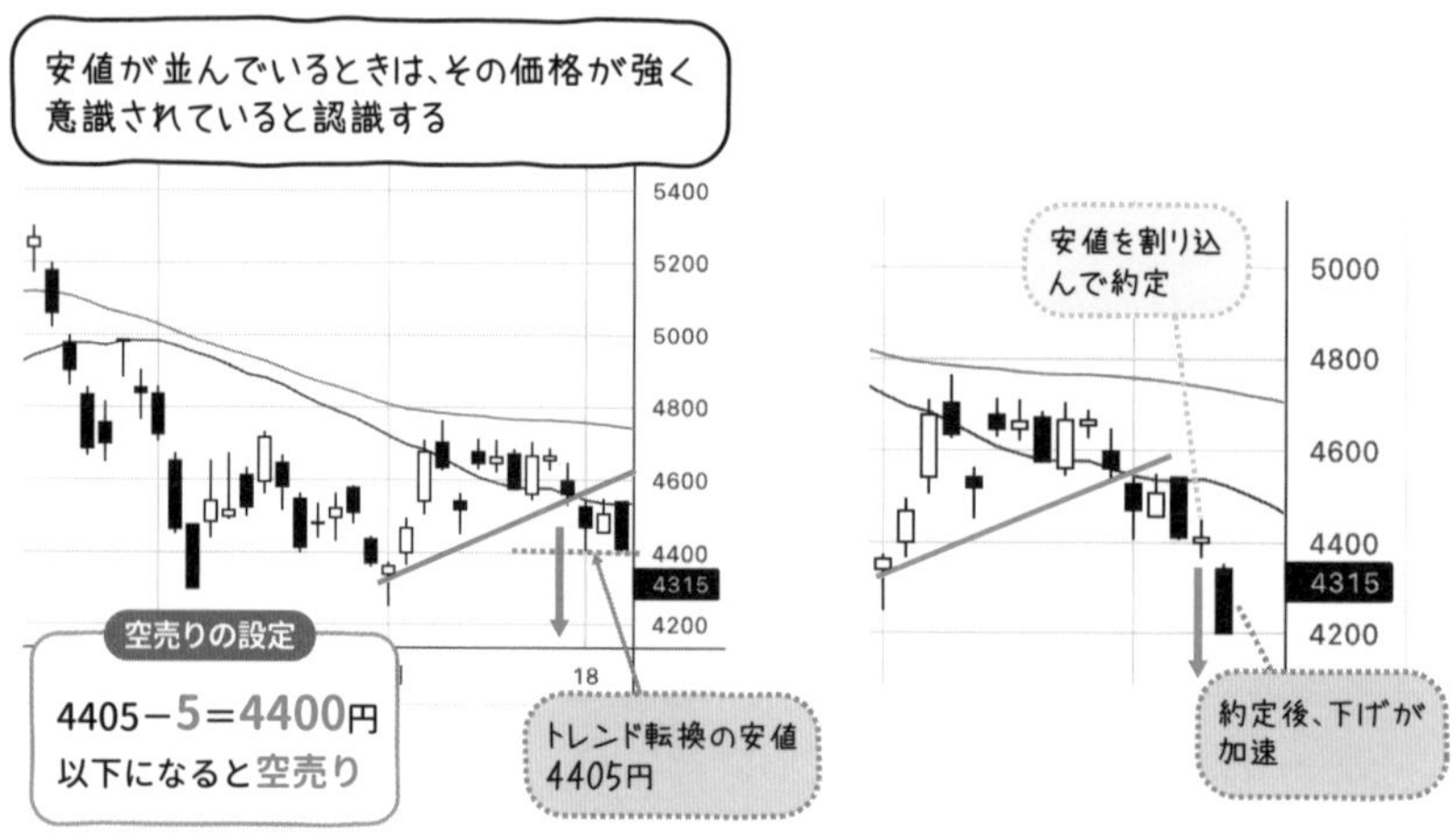

暴落期の終わりであるこれに早く気づかないと、安値はすでに切り上げ始めて上昇トレンドに移行しつつあるのに、自分だけが一生懸命に空売りの戦略を立てることになります。

安値の切り下げが止まった時点では、必ずページ下の図「解答２－５」の行動指針に従って判断を見直してください。

この指針に従えば、下げトレンドの終わりは必ず見つかるはずです。応用問題を解いて、そのことを確かめると共に、暴落期を捉えるスキルを定着させましょう。

解答 2-4 下げトレンドの終わりと上昇開始

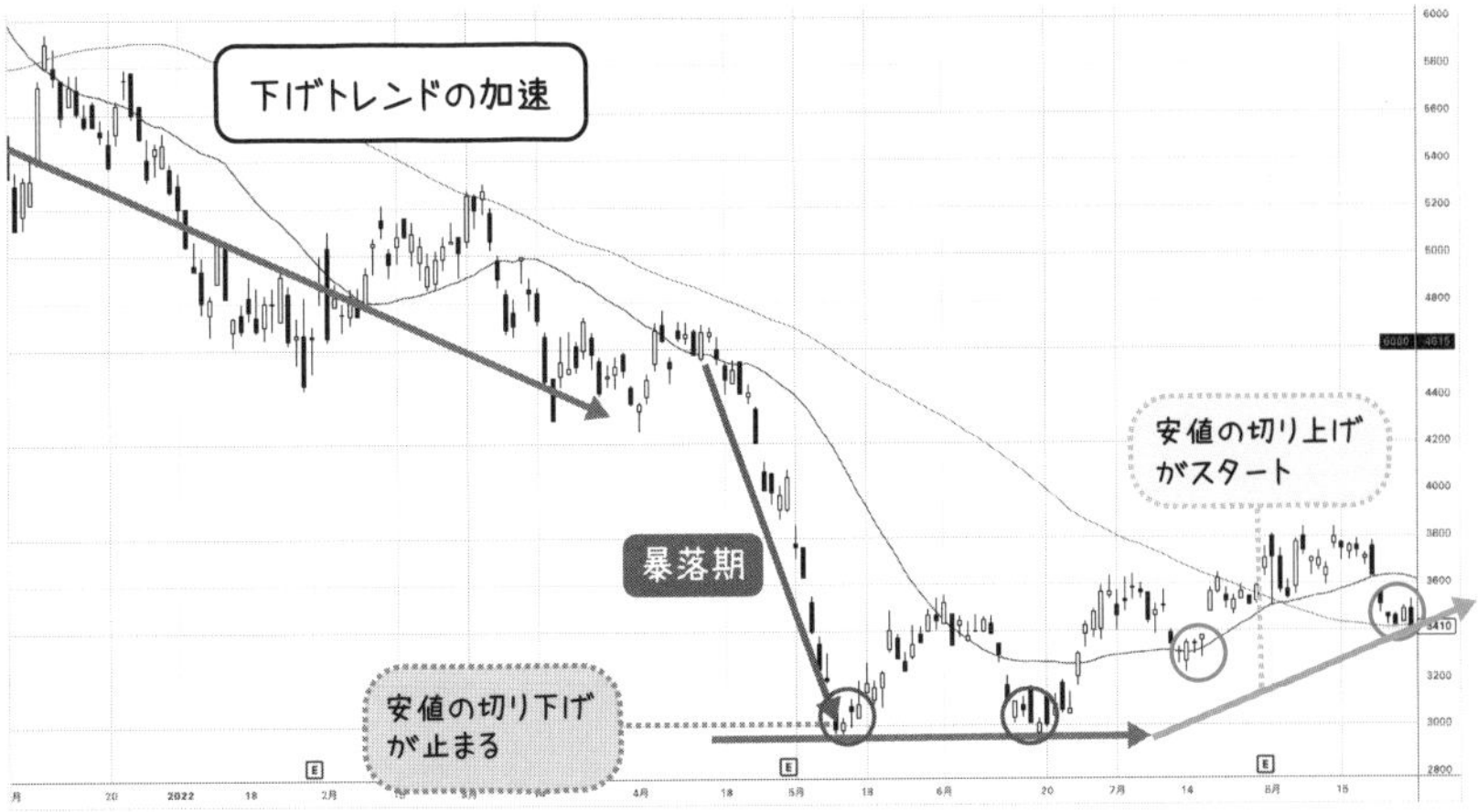

解答 2-5 暴落期の終わりにおける行動指針

チャートの期間を長くする（1年以上）
→ 慣性の中では視野が狭くなっている。一歩引いて、大きな目線で現在の位置を確認する

安値の切り下げ、切り上げに集中
→ 暴落が終わるときに高値が意識されることは少ない。安値の切り上げが始まるかを確認する

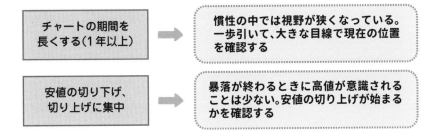

応用編❷

他の金融商品で暴落期の動きを分析する

大きな利益をもたらす暴落期は、その終わりに気づかないと損失にもつながるものです。他の金融商品にも適用して分析してみましょう。

こちらも特設サイトでわかりやすく解説していますので、ぜひアクセスして理解を深めてください。

難易度 高

問題FX FXのトレンド変化

Q FX

これはユーロ/ドルの日足です。下げの局面を分類した上に、下げトレンドが変化するところを見つけてください。

問題FX FXのトレンド変化

解答FX

A FX
安値の切り下げが止まったところでボトムを形成、上昇に転換している。

チャートに慣れてきたので、今はパッと見ただけで、底値が形成され、上昇に転じる場面が見えてきたと思います。

それでも油断しないで、実際に安値の切り下げが止まるポイント、切り上げがスタートするポイントを自分で描きながら、本当に下げトレンドが終わったかを確認してください。

変化が激しいとトレーダーを悩ませるFXも一旦トレンドに乗せてしまえば、こんなにわかりやすいチャートになるものです。しかも、このチャートは安値の切り上げが始まる時点で高値もすでに切り上げを

解答FX FXのトレンド変化

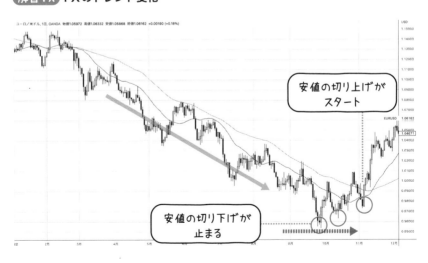

始めています。非常にわかりやすいチャートで、大きな利益を上げるチャンスが広がっていました。

トレンド相場は見えてきた、それ以外は？

これで下げトレンドがスタートして、加速、暴落期までをカバーしてトレードする方法について学んできました。

ここまでお疲れ様でした！　ゆっくり休んでリフレッシュした後は、実際のトレードに挑み大きな利益を上げてください。

では、皆様、頑張って…って、ちょっと待った！

なんかスッキリしないことが残っていませんか？　ここまでは順調にトレンドがつくられ、綺麗に下げが続く例をたくさん勉強してきました。

しかし、実際のチャートを見るとその通りに行かない場合も多く見られます。そんなときにどうすればいいか知りたくありませんか？　もちろん知りたいですよね！

基礎を着実に勉強して、さらに上を目指すあなたに送るプレゼントが「6時限目」から待っています。ここまでの内容を復習して理解を深めた後は、上級を目指す内容に挑んでみましょう。

特設サイト【応用編】の解説
(https://tbladvisory.com/online/courses/book007)

下げのスタートから加速、暴落局面までをすべてカバー！ 後は、トレンドがないタイミングも押さえたら完璧！

5時限目のまとめ

- 暴落時のトレードも株価の位置確認が必須
- 暴落の後、下げトレンドの終了を確認
- 下げトレンドの終了を確認するには安値の切り上げに集中しよう
- 自分に慣性がついていることを認識して断ち切る

Column5

空売りを信じた男、史上最大の空売り

2008年のリーマンショックは世界的な金融危機と景気後退を引き起こしましたが、反対に大富豪を生み出すきっかけにもなりました。その主な手段の一つが空売りです。

空売りで巨万の富を築いた有名な人物にマイケル・バリー（Michael Burry）がいます。彼は元々米国の医者ですが、後ほど自分のヘッジファンドを立ち上げて驚異的な収益をもたらした投資家であり、ヘッジファンドマネージャーでもあります。医学部卒業後、スタンフォード病院神経科レジデント、スタンフォード病院病理科レジデントとして勤務した経歴も持ち、どれだけ頭がいいのか、神様不公平と言いたくなる知的能力の持ち主です。

2008年、アメリカの住宅ローン市場はバブル状態であり、多くの銀行や金融機関が高リスクの住宅ローンを多数販売していました。驚くことにバリーは2003年と2004年の住宅ローンの分析を通じて、すでに2005年からサブプライム市場に注目するようになっていました。彼は"早ければ2007年に不動産バブルが崩壊する"と予測していました。振り返ってみると、正確でしたね。

住宅ローン市場が破綻することを予測した彼は、その見通しに基づいて多額のお金をかけて住宅ローンに対する空売りを行いました。正確にいうと、サブプライムバブルに沸いていたゴールドマン・サックスや他の投資会社にクレジット・デフォルト・スワップ（CDS）という商品を売りつけることによってサブプライム市場全体を空売りしたことになります（難しい言葉は忘れていただいても大丈夫です。CDSは金融工学が生み出した史上最大のイカサマ商品だと思いますが、その理由については、ここでは割愛します）。

しかし、彼の判断と行動が最初から歓迎されたわけではありません。彼が設立したファンドに投資資金を預けていた一部の顧客は彼の空売りを激しく非難し、資金を引き出してしまいます。しかし、彼が自分の分析と結果を覆すことはなく、結果はご存じの通り、バブルははじけて多くの人々がローンを返済できなくなり、全世界的な金融危機が発生しました。これがあの有名なリーマンショックです。

マイケル・バリーの話は2015年ハリウッドで映画化され、彼はこの映画『ビッグ・ショート』でクリスチャン・ベイルが演じています。

彼は運がよかったのでしょうか？　それは違います。この話は、偶然空売りをしていたらリーマンショックが起きてボロ儲けしたというラッキーストーリーとは次元が異なります。このエピソードは、投資家がリスクを冒しても、慎重なリサーチと予測に基づく取引によって大きな利益を上げることができることを教えてくれます。

空売りを始めたころにはまだ市場が上昇していたため、彼のポジションは大きな損失を出していました。しかし、自分の見通しを信じて懸命に空売りを続け、市場が下落したときには最終的に2億5,000万ドル以上の利益を上げました。

どうですか？　夢のある話ですね。

しかし、忘れないでください。この結果をもたらしたのは、彼の緻密な分析と折り曲げない信念の強さであることを。

第2章

さらなる上を目指す6の法則

6時限目
トレンドレスを制する

矛盾しているようですが、トレンドがないタイミングまで制することで、トレンドを制します！
ヒントは「サポートとレジスタンス」です。

難易度
低 中 高

法則 13

トレンドレスはサポートの崩壊で乗り切る

「5時限目」までトレンドの形成から終わりまでの一連のフェーズにおいてトレードする方法について学んできました。そう、ここまで勉強したのは「順調にトレンドがつくられ、きれいに下げが続く例」をたくさん勉強してきたわけです。

しかし、実際のチャートではトレンドがないように見える時間帯も多く見られます。銘柄によっては、トレンドなし（トレンドレス）がトレンドのように見えるものさえあります。ここから、そのような時間帯と銘柄に対してどのようにトレードするかを学んでいきます。

トレンドがないように見えるのは、２つの要因があります。まず、トレンドが大きく変化しようとするとき、次のトレンドを準備する場合です。次は元々トレンドが出にくい銘柄であるため、トレンドを見つけるのが難しい場合です。

ここでは、両方の場合に使える「**サポートとレジスタンス**」のトレード方法について学びます。特に空売りで使えるサポート崩壊のトレード方法を詳しく説明します。

法則13

トレンドレスはサポートの崩壊がチャンス

⬇ サポートが崩れるところで、失望による売りと空売りが重なる

難易度 高

問題1

トレンドのない時間帯でのトレード開始

Q1

長らく下げトレンドが続いた後、動きが止まったように見える松屋〈8237〉のチャートです。

1-1 現在の位置①では空売りが可能でしょうか？

1-2 可能な場合、トレード開始のポイントはどこでしょうか？

問題1 トレンドがないときのトレード開始

ヒント
トレンドがないと思うときは、同じところで止まるところを探す
現在の位置①

解答1

A1

1-1 空売りは可能。的確なポイントを見つけることが必要。

1-2 下の支持線を確認して、そのサポートラインを下抜けるところがスタートポイント。

空売りのスタートポイントを探すときのポイントは、下に向かってトレンド転換というのは、ここまで勉強してきました。

しかし、Q1の銘柄のように一定の流れを見ることができず、変動範囲がだんだん狭まってくる銘柄はトレンド転換のようなポイントを探すのが不可能です。

ここでぜひ活用したいのが、「同じところで止まるポイントを探すこと」です。

下図「解答1-1」を見ると、下げるときにこれより下には下がらずに、下げ止まる価格帯（ここでは992円付近）

解答1-1 トレンドがないときに、一定の「下げ止まりのポイント」を探す

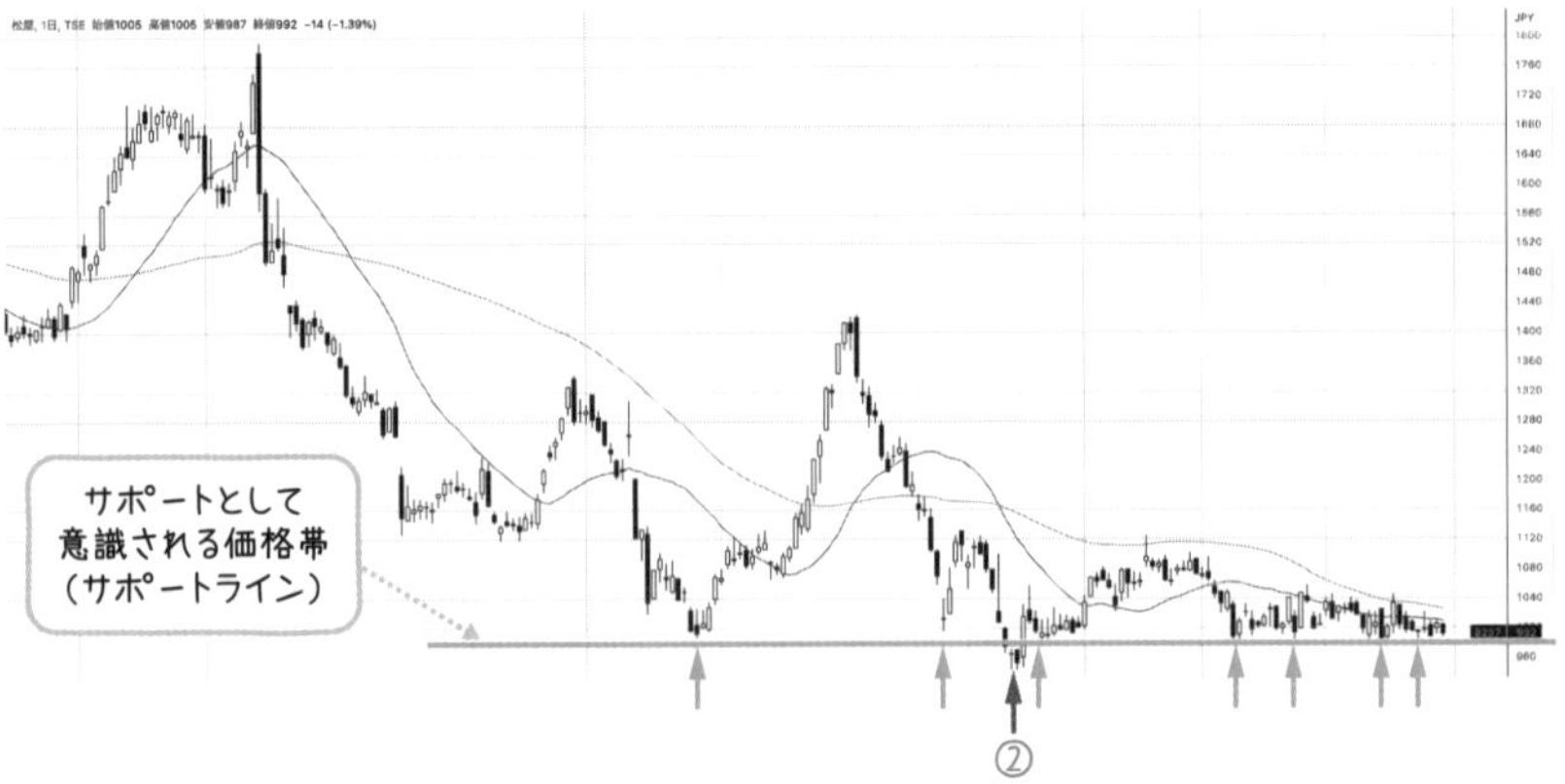

が存在するのがわかります。この価格まで下がってくるとサポートされるように株価が下げ止まり、切り返して上にいくので**「サポートライン」**と呼ばれます。

もちろん、前ページの図「解答1－1」の②のように1回その価格を割り込む場合もありますが、大事なのはそれより多くの場合においてサポートされているということです。つまり、例外的な動きとして捉えることができるということです。

サポートラインがつくられる最も大きな要因は、投資家がこれ以上は下げてほしくないという心理が働くからです。自分が買っている価格まで価格が下がってくると、ここだけは守ってほしいと思ってもう一度買ったり、実際にサポートラインを割る前に切り返すのを見た別の投資家も買っていくので、サポートラインは何回も守られて上にいくわけです。

サポートラインが崩れると失望の売りが膨らむ

問題は、その**「サポートラインが崩れたとき」**です。サポートされた株価が順調に上昇トレンドに切り替えて上げていくなら安心ですが、この銘柄のようにまともに上げることもなくすぐ元の安値に戻る動きが繰り返されると、投資家は不安が大きくなります。

では、このサポートが崩れた場合、投資家心理はどうなるでしょうか？ もちろん慌てることになります。「ここだけは崩れてほしくないラインが崩れた、逃げよう！」という心理が働きます。

下図「解答 1－2」でサポートが崩壊することを確認するプロセスを確認しましょう。上はまだサポートラインが守られています。大事なのは、ここで急いで何かをする必要はないということです。じっくり待っていて、下のように実体を持ってこのラインを下に抜けることを確認するだけです。これがサポートラインの崩壊で、上がることを祈ってこの銘柄を保持していた投資家たちが慌てて売りを始めます。

この崩壊を確認してから空売りをスタートしても遅くありません。要領はトレンド転換のときと同じ、サポートが崩壊した日足の安値をさらに割り込むところに空売りを設定することです。

次ページの図「解答 1－3」で実際の数字を当てはめて考えましょう。サポートラ

解答 1-2 サポートの崩壊を確認する方法

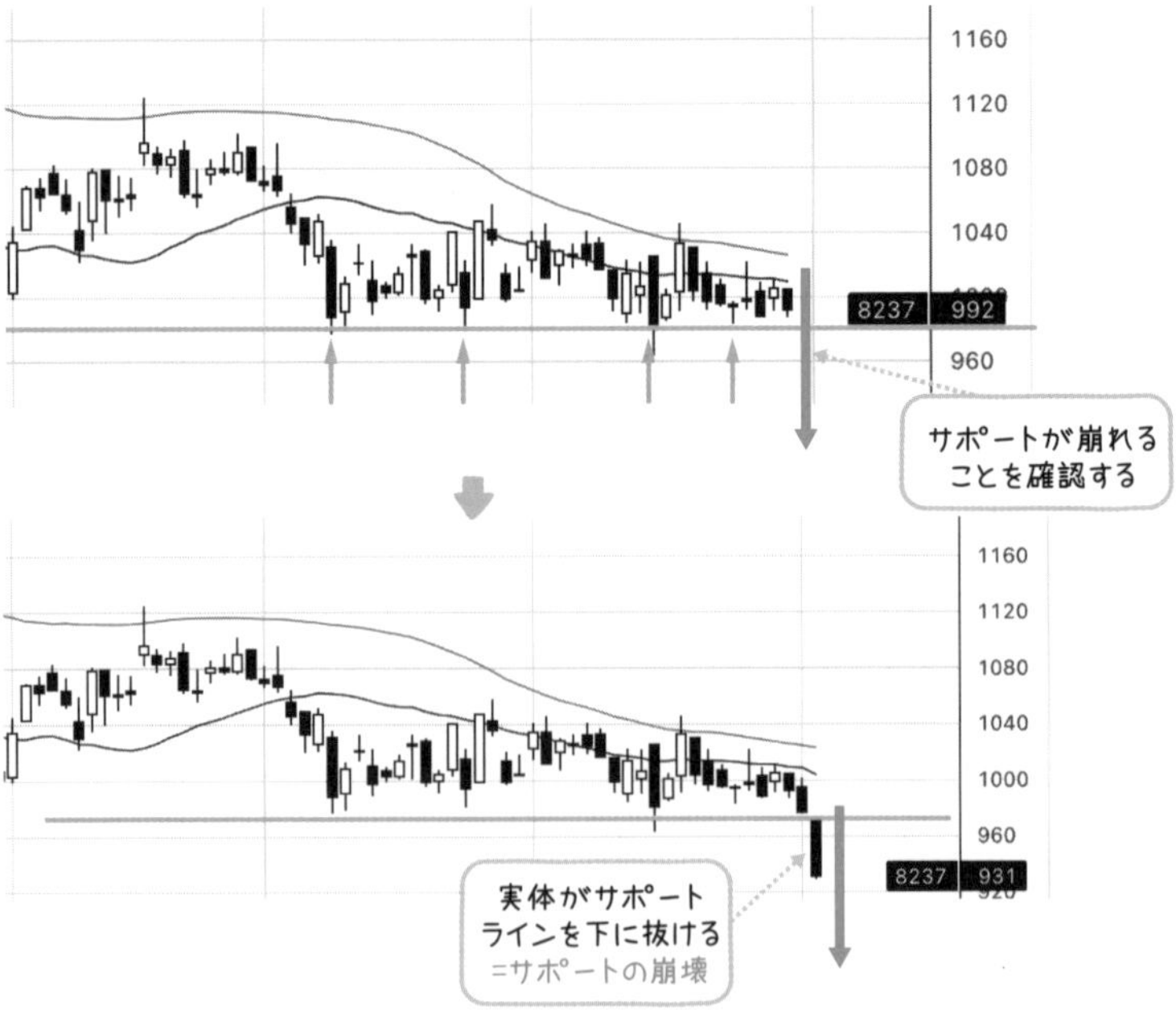

インを崩壊させた日足の安値をAとする場合は、翌日も慌てた投資家たちの売りが続くと、この安値を割り込むはずです。逆に割り込まずに上に行ってしまうのは、もう一度支えられたということです。

よって、サポート崩壊の安値から1呼値単位を引いた価格が空売りのスタートポイントです。

ここでは安値が930円なので、1円を引いて929円以下になると空売りをするというのが、正しいスタートポイントとなります（ページ下の図「解答1-4」の左）。

解答1-3 サポート崩壊時のトレードポイント

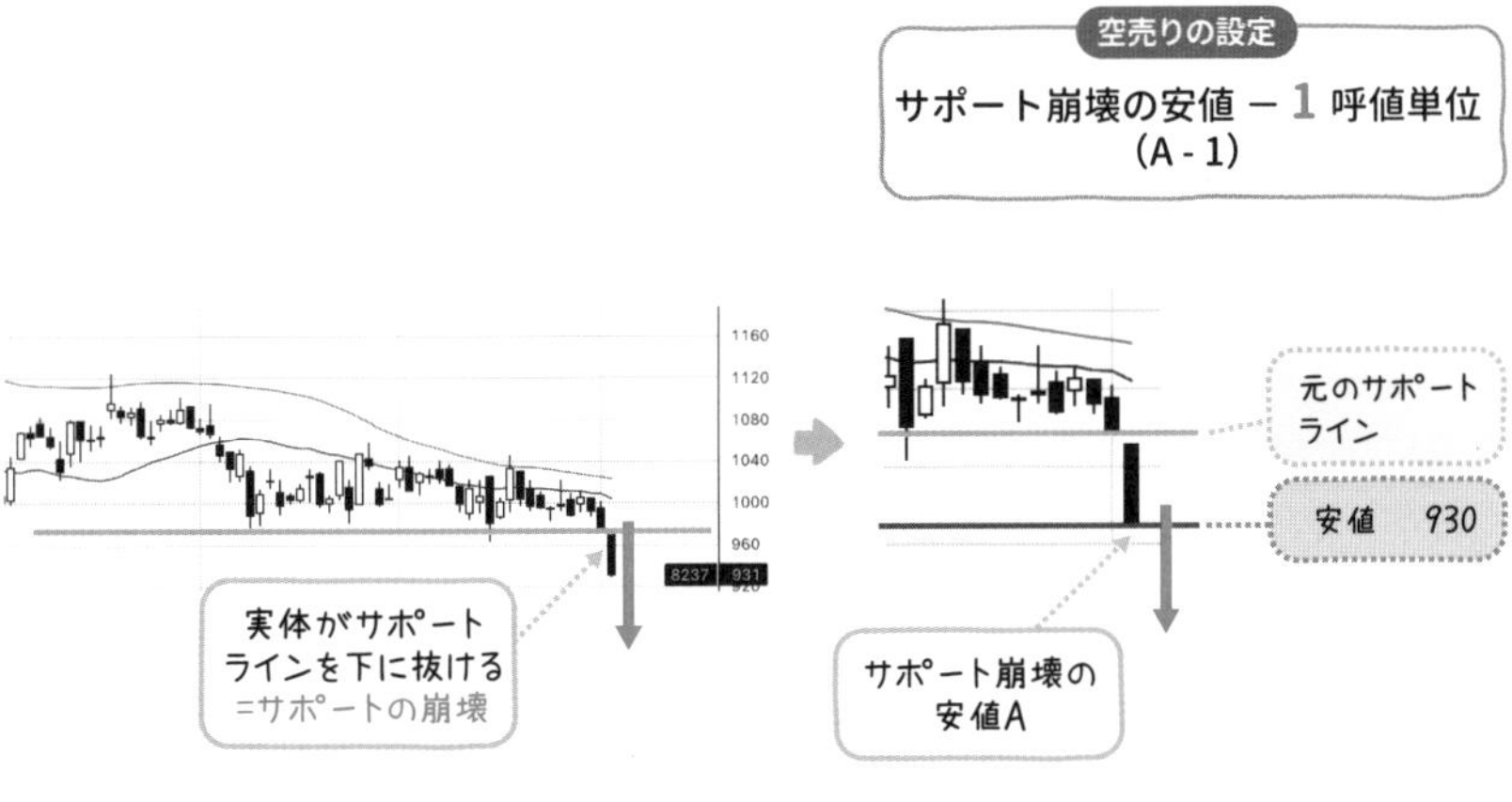

解答1-4 約定とフォロー

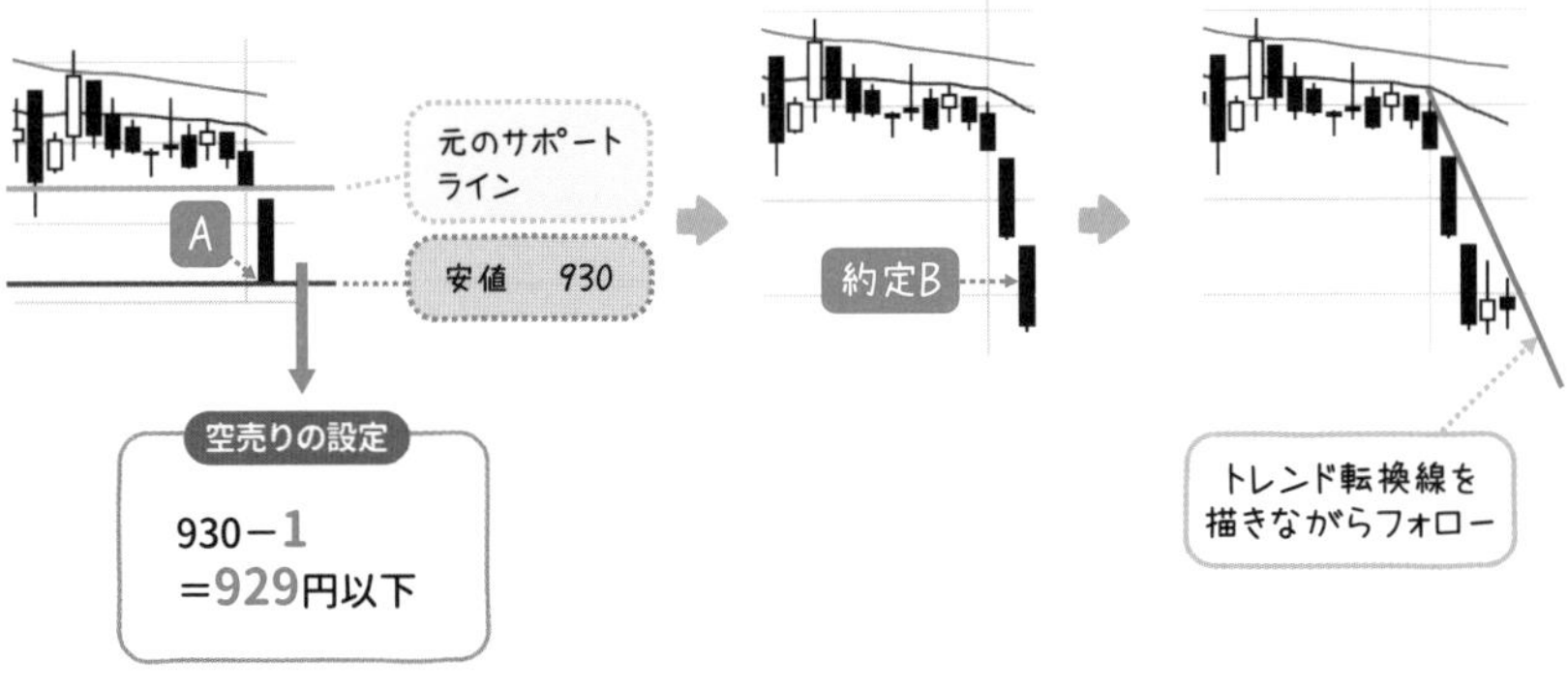

翌日、下向けのギャップを空けながらさらに下落して空売りが約定します（約定B）。この銘柄を保持していた投資家が慌てて出ていく様子が確認できます。

これはサポートが崩壊したときにはよく見られる現象なので、いろいろな銘柄でサポートの崩壊を探してみてください。「応用問題」もその例です。

その後は下げが加速して、本格的な下げトレンド入りとなります。利益が増えていくこのタイミングでやることは？

はい、ここまでの練習で十分身につけてきましたね。下向けのトレンド転換線を描きながら、下げの流れが止まるところを探すことです。自信がありませんか？　大丈夫です。前の章に戻ってもう一度練習すると、ここでも十分実力を発揮することができます。

では、サポートラインを探すことができるのか、今度はビットコインを使って腕試しをしてみましょう。

応用編❶　ビットコインのサポートラインと空売り

サポートラインのスキルは実に応用範囲が広いものです。ビットコインのトレードを通じてそれを確認してみましょう。

解説は本の特設サイトで行っています。ぜひアクセスして理解を深めてください。

難易度 高

問題BTC ビットコインのサポートラインと空売り

Q BTC

ビットコインの価格推移を表す日足チャート（BTC/USD）です。サポートが崩壊するトレードポイントを探してください。

特設サイト【応用編】の解説
（https://tbladvisory.com/online/courses/book007）

問題BTC ビットコインのサポートラインと空売り

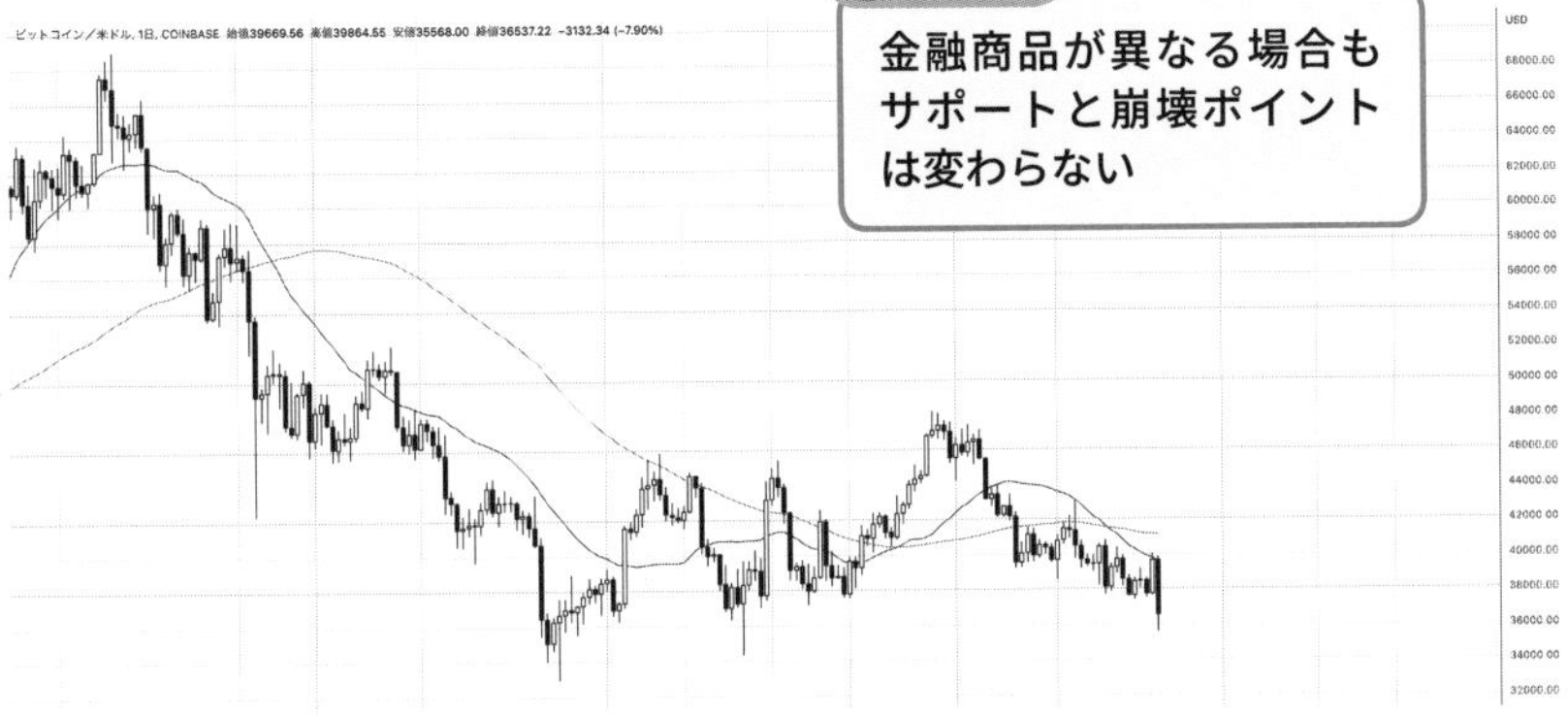

ヒント
金融商品が異なる場合もサポートと崩壊ポイントは変わらない

解答BTC

A BTC

きれいな一本線、一つの価格には収まらないけれど、下値では確かに支えられている価格帯が存在する。

前の問題で見つけたような、きれいなサポートラインは見られないと思うこともあるでしょう。確かに「この価格」と正確に決められる価格はありません。

これは、セミナーの生徒からもよく寄せられる質問でもあります。

このようなチャートでサポートを見つけるコツは、線を太くして、価格ではなく、価格帯で見ることです。

つまり、少し幅を持たせて線を描いてみると、「この価格帯は意識されているな」というところが見つかります。

解答BTC **ビットコインのサポートポイントを見つける**

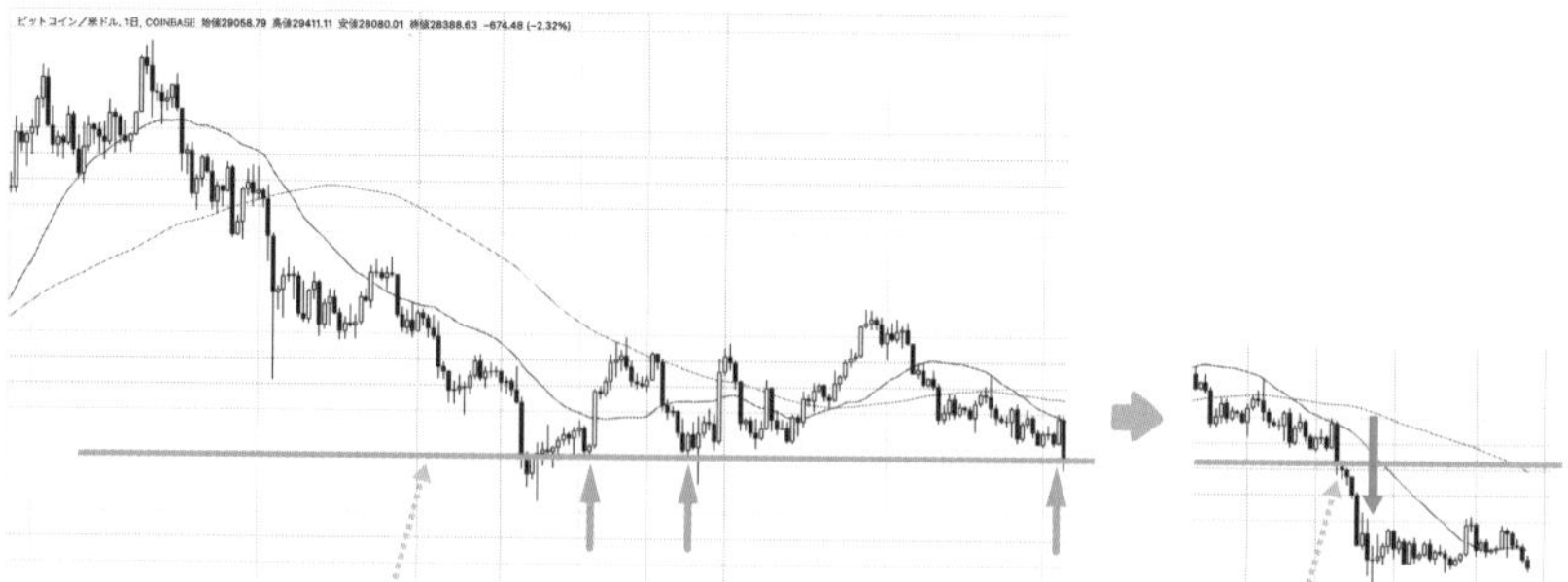

解説している前ページの図をご覧ください。図の左側を見て「なるほど」と納得する場合も、「えっ、そんな！ 違うんじゃない？」と思う場合もあるでしょう。日足のひげが下に伸びたりしているところで線を切っているからです。

細かい動きが気になる人には、「このひげをどうしてくれるんだ？」と言いたくもなります。肝心なのは「実体に焦点を当てる」ということです。

実体とひげが何回か重なり、気にしている価格帯が見えてくるところ、これがサポートになる価格帯であり、その逆も一緒です。レジスタンスになるところがひげと実体が重なっていることは、よく見られます。

迷ったら
「実体に焦点」
忘れないでね！

難易度
低　中　高

法則14
サポートラインの逆転

サポートがあれば、抵抗（レジスタンス）もあるはず、と思いませんか？　もちろんあります。テクニカル理論でサポートとレジスタンスは非常に面白い関係をつくります。言葉の通り、裏表の関係をつくって、それを押さえるとさらなるトレードのポイントにつながります。この法則でサポート・レジスタンスをしっかり押さえましょう。

法則14
サポート崩壊の戻りはレジスタンスで攻める
⬇ サポートが崩れたところは逆転する性質を利用しよう

難易度
高

問題2
サポートラインが崩れると逆転する

Q2

問題1（147ページ）のチャートの続きです。サポートが崩壊した株価が戻りを試した後、①でトレンド転換しました。新たに空売りを仕掛けるタイミングですが、これより早くトレンド転換を予想する方法があります。それは何でしょうか？

解答2

A2

サポートが崩れたところまで株価が戻るとレジスタンスに変わり、下げやすくなる。

ヒントにあるとおり、Q1で描いたサポートラインをもう一度書き込んでみると面白い現象を発見することができます。ここから進む前に自分で書き込んで確認してみてください。時間は1分もかかりません。

問題2 サポートラインに戻ったときの動き

ヒント

問題1で崩壊したサポートラインをもう一度書き込んでみましょう

発見することができましたか？　それでは、下図「解答２―１」で確認してみましょう。

戻りを試した株価がこれ以上は上げられず、下に向かってトレンド転換したところは（**トレンド転換①**）、偶然にも崩れたサポートラインです。つまり、サポートがレジスタンスに変わったわけです。

これをテクニカル理論では「**サポートとレジスタンスの逆転**」と言います。つまり、サポートが崩れたポイントはレジスタンスに変わるというわけです。どうしてこんなことが起きるのでしょうか？　それは、ほとんどが投資家心理に関わります。

逆転が起きる理由は、自分の心に聞けばすぐ答えが見つかります。サポートラインが崩れたときに多くの投資家は怖くて投げ出すと説明しましたが、すべての人がそうするわけではありません。一部の投資家は「いずれは戻るだろう」と思って握りしめています。

解答 2-1　サポートは崩壊するとレジスタンスに変わる

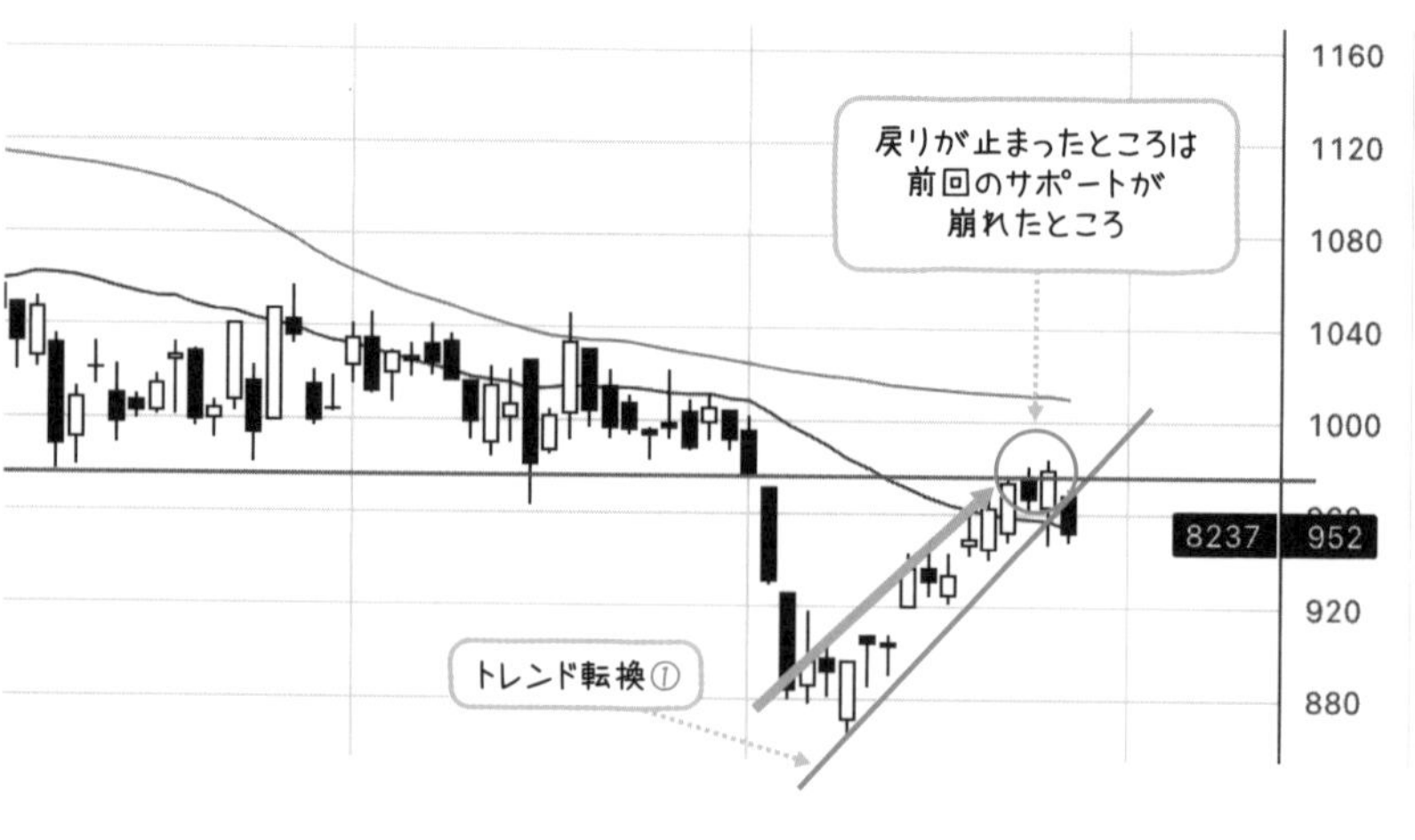

あなたがそのような投資家であるとしましょう。勢いよく下げていた株価が実際に戻り始めると、何を感じて、何を考えるでしょうか？

下げ止まったという安心感と共に、「元が取れるかも知れない。とにかく元の値段にさえ戻してくれればすぐ売って二度と同じことはしません、神様！」と考える投資家は多いはずです。そして、実際にその価格まで戻りました。「よかった、売ろう！」と待っていた投資家の売りが出ます。

株価は？　売りが膨らむので、当然下がりますね。これがサポートからレジスタンスに逆転する理由です。

投資家の心理を反映して、レジスタンスにあってから株価はさらに下に抜けて下がります（次ページの図「解答 2－2」の上）。さらに失望が広がる上に、この動きに気づいた空売りのトレーダーも参入してくるので、下げのスピードはますます速くなります（「解答 2－2」の下）。

株価の戻りが止まるところを一足早く予測する

この性質を利用して、株価の戻りが止まるところを一足早く予測する方法について考えてみましょう。

サポートラインがレジスタンスに変わりやすいというのがわかっているので、下げ止まった株価が戻りを試しながら前回のサポートラインに近づくと、「そろそろ抵抗に遭う可能性が高い」と予測を立てておきます。

実際に株価の上昇が止まり、下に向かってトレンド転換すると、「やはり！　空売りに入る」とより確信を持って空売りをスタートできます。

応用編でもう一つの問題を解きながら、この強力な武器を手に入れましょう。

解答 2-2　レジスタンスに変わってからの動き

応用編❷ 株価指数でサポートとレジスタンスの確認

サポート・レジスタンスの性質を理解すると、トレードの幅はグンと広がります。株価指数の動きでもそれを確認することができます。

応用問題の答えを特設サイトで見る前に、自分で必ず解いてみてください。

難易度 高

問題INDEX

ラッセル2000のサポートラインと逆転

Q INDEX

米国の代表的な小型株指数「ラッセル2000指数」です。サポートが崩壊してから、レジスタンスに変わるところを見つけてください。

問題INDEX ラッセル2000のサポートラインと逆転

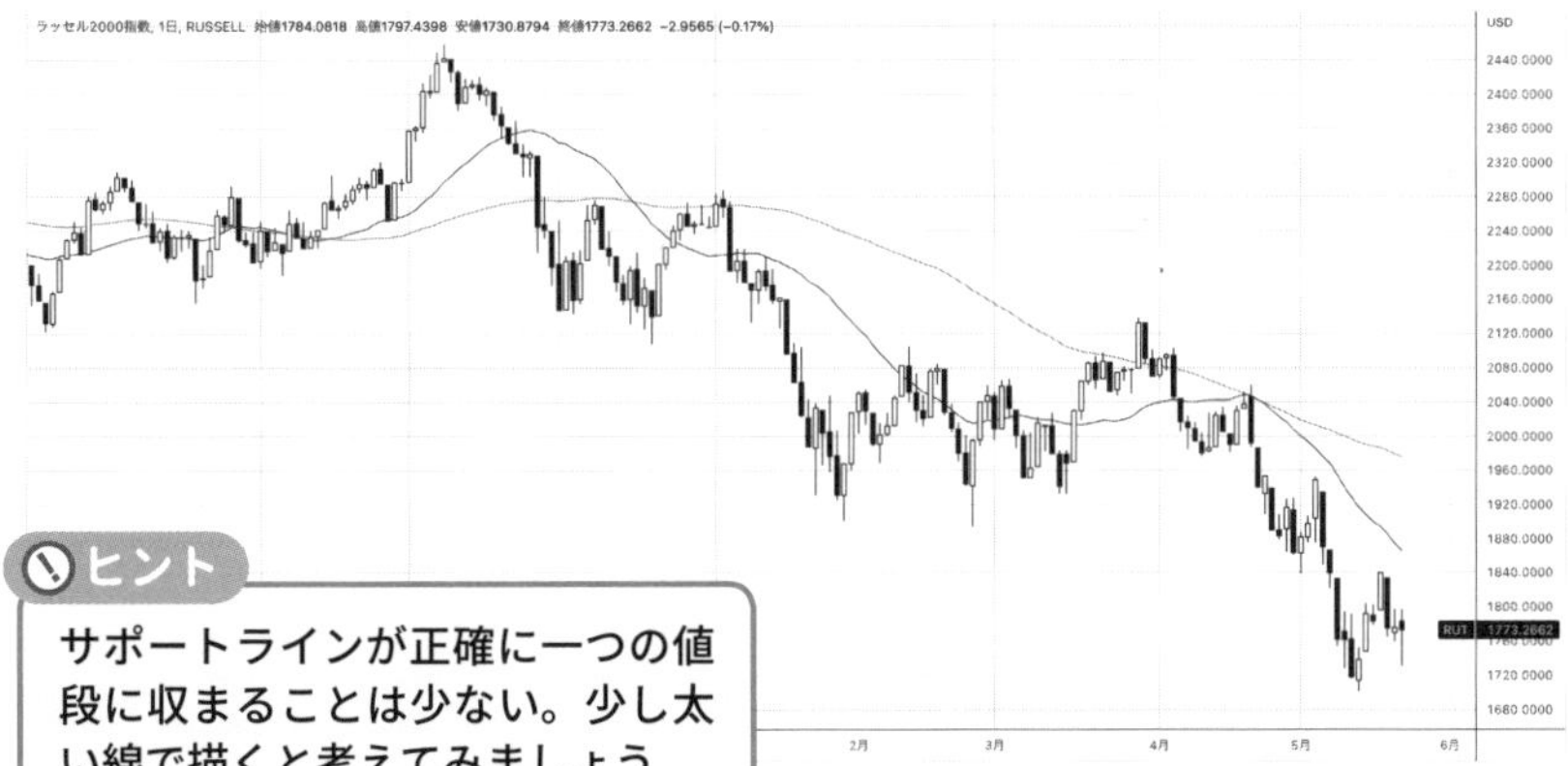

ヒント

サポートラインが正確に一つの値段に収まることは少ない。少し太い線で描くと考えてみましょう

解答INDEX

A INDEX

ひげをのぞいて実体に集中してみるとサポートが見えてくる。

サポートやレジスタンスが発生するのは、「**レンジ相場**」と呼ばれる横ばいの期間です。

図の左を見ると、明確に上に向かうのでもなく、下げてもいない期間が存在します。ここを「レンジ相場A」としましょう。

レンジ相場にサポートとレジスタンスが存在するというのは不思議なことではありません。レンジなので一定の範囲で上下するので、上と下の方に動きが止まるラインが形成されます。

解答INDEX 1 ラッセル2000のサポートラインを描く

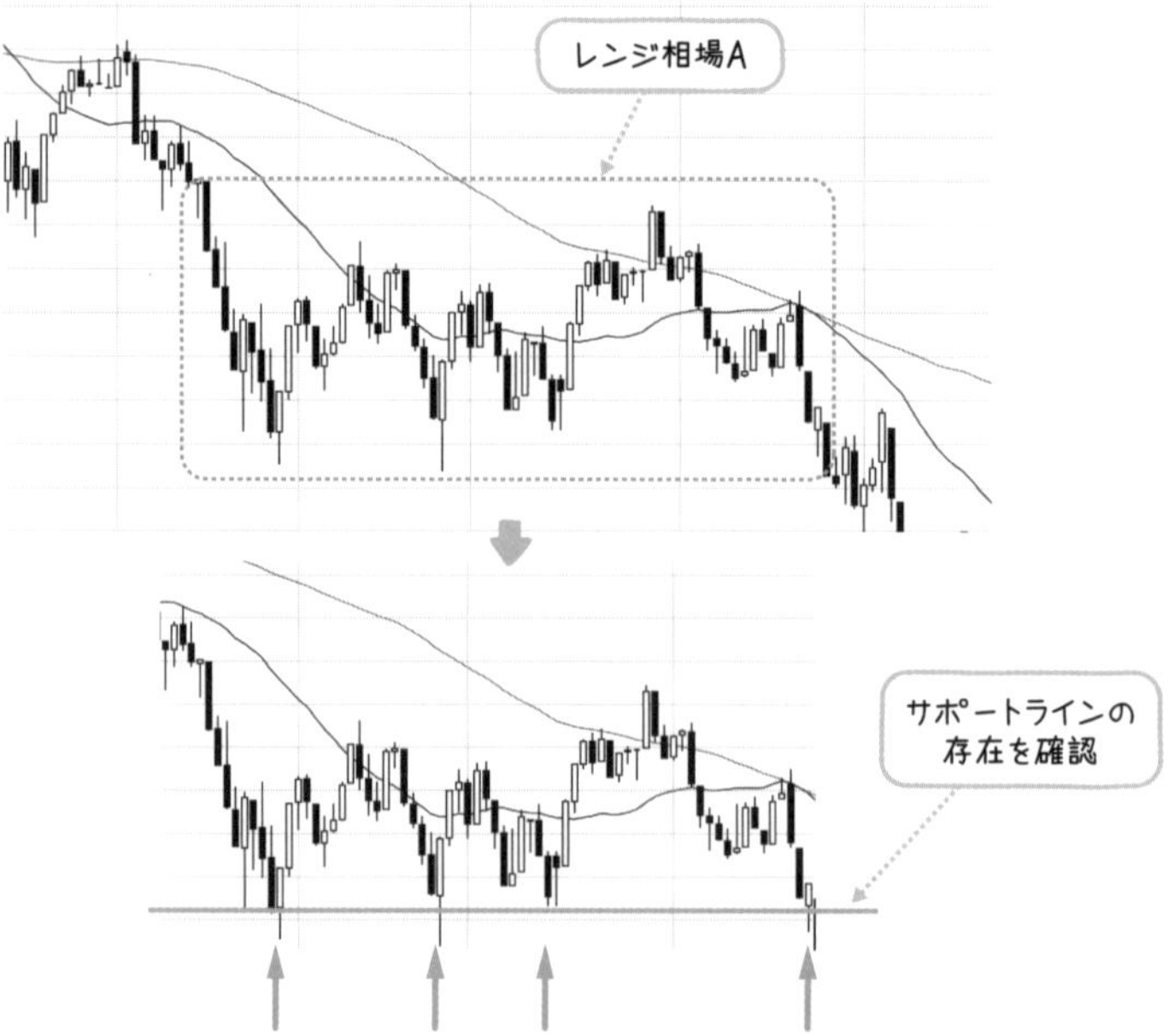

【応用編❶】で解いたように、ひげを除いて実体に焦点を当てて線を引いてみると、下図のような線を引くことができます。これはサポートとレジスタンスを見つけるときに重要な考え方なので、ぜひ覚えてください。

「ひげにこだわらず、無視することで見えてくることもある」

これで、サポートラインの存在が確認できました。後はそれが崩壊するのを待つのみです。

特設サイト【応用編】の解説
(https://tbladvisory.com/online/courses/book007)

解答INDEX 2 ラッセル2000のサポートラインと逆転を見つける

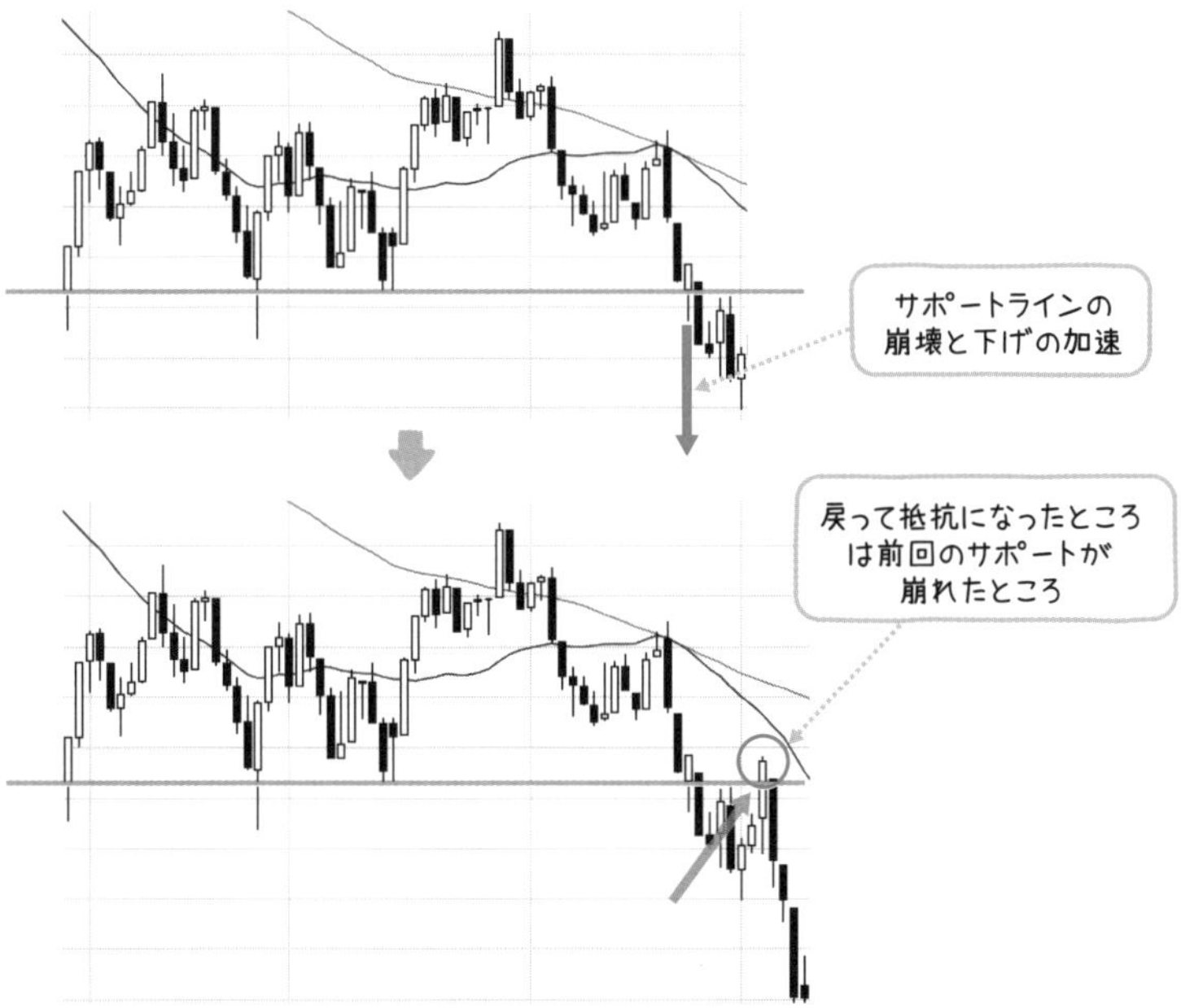
サポートラインの崩壊と下げの加速
戻って抵抗になったところは前回のサポートが崩れたところ

6時限目のまとめ

- トレンドがない時間帯は、サポートの崩壊を探すサポートが崩れたことを確認できた安値のところが、空売りポイント
- サポートが崩れると、レジスタンスに変わる
- レジスタンスに変わるポイントが、利益確定のポイント

7時限目
空売りに適する環境を見つける

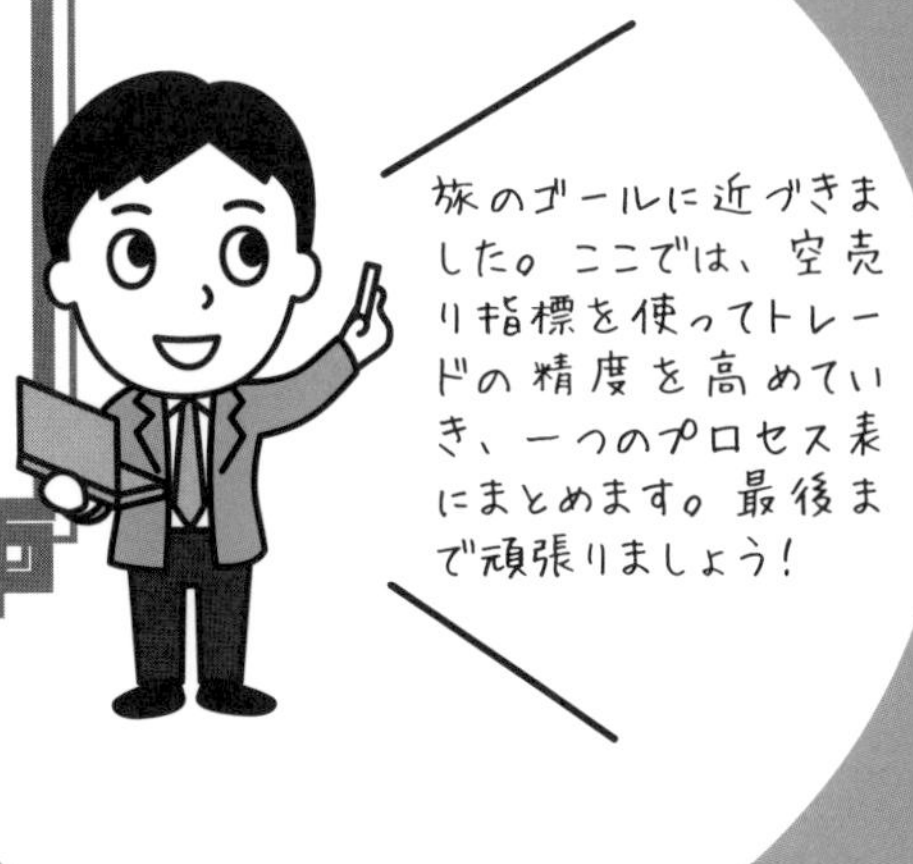
旅のゴールに近づきました。ここでは、空売り指標を使ってトレードの精度を高めていき、一つのプロセス表にまとめます。最後まで頑張りましょう！

難易度
低　中　高

法則

15

空売り比率で市場環境の分析

順調にトレンドがつくられるとき、トレンドがないとき、どちらでもトレードができるようにトレーニングしてきました。これでもう完璧のようですが、最後に大事なことを一つ押さえることで空売り達人へのゴールを達成することにしましょう。

それは、空売りに適する環境を見つけて、最適なタイミングで空売りができるようになることです。早速始めましょう！

空売りに適する環境って何？　なんでそんなことが必要なの？

疑問に思うかもしれませんが、考えてみれば空売りに適する環境を見つけるのは、トレードがうまくいくための必須条件といえます。

よほどのことがなければ、雨が降るときに洗濯はしませんよね？　乾かないし、変な匂いまでついてしまう、洗濯には適さない環境です。

では、洗濯に適した環境は？　当たり前ですが、晴れて太陽の光が降り注ぐ日です。

空売りもまったく同じで、空売りに適した環境というのが存在します。簡単に言えば、空売りをする人が増える環境ですね。

それは、どうやってわかるのか？

問題を解きながら覚えていきましょう。

法則15

空売り比率は市場全体のターニングポイント

⬇ 空売り比率でトレンドが変わるターニングポイントを見つける

難易度

高

問題1 空売り比率と日経平均の関係

Q1

次のチャートは、空売り比率と日経平均の比較チャートです。空売り比率40と50に線を引くことで、日経平均との関係を見つけることができます。それは何でしょうか?

空売り比率のチャート(https://nikkei225jp.com/data/karauri.php)

問題1 空売り比率と日経平均の関係

ヒント

空売り比率が40と50に近づくとき、日経平均の変化を観察してみましょう

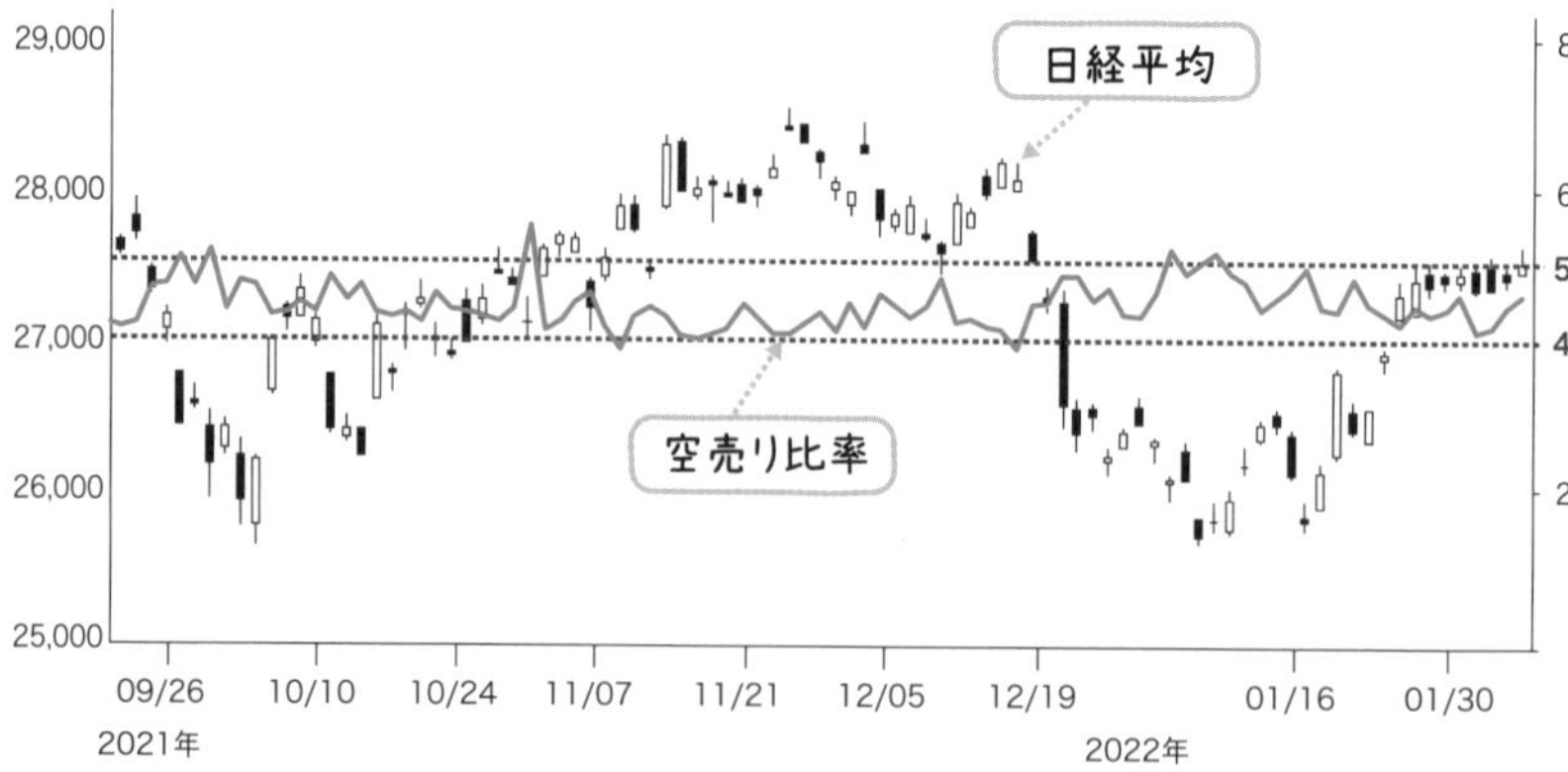

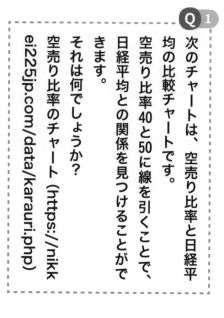

A 1 解答1

空売り比率が50に近づくと日経が底入り、40に近づくと天井になりやすい。

結構難しい問題です。空売り比率は何だ？という疑問からスタートして、40と50の間と日経平均の間では何の関係があるのかなど、疑問はつきません。一つずつ解決していきましょう。

まず、空売り比率から解説します。下図の「解答1-1」を見ると複雑なことが書かれているようですが、一言で言えば「今日行われた売りの中で、空売りの比率はどれくらいある？」という意味です。

「売る」という取引をした量が100で、空売りをしたのが45だとすると、空売り比率は45です。簡単ですね。

解答1-1 空売り比率の意味と市場との関係

空売り比率

「空売り比率」とは → 市場全体の売りに占める空売り（信用売り）の割合

$$空売り比率 = \frac{空売り注文の合計代金}{(実売り注文の合計代金 + 空売り注文の合計代金)} \times 100$$

空売り比率による市場判断　空売り比率は50〜40の間で推移

50以上：底入り	⟷	40以下：目先の天井

空売り比率を計算する式で「**実売り注文**」という言葉が出てきますが、これは実際に株式を保有していた投資家がその株を片付けるために売り注文をしたという意味です。

問題1の図の例でいうと、実売りの注文は55、空売り比率が45となります。難しくないですね？

これで最初の難関は突破です。


空売り比率の計算はわかったけれど、それをどう使うのかが大事なことです。通常株価が上がる局面では買っていく人が多いため、空売りは減少します。

当たり前のことですね。市場が上げ上げと盛り上げているのに、敢えて空売りを増やす要因はありません。流れに逆らって下げる方向に1人で頑張っても、そのトレードがうまくいく確率は高くないでしょう。

反対に、株価が下がる局面では、空売りが増加します。

では、空売りに適した環境は？　もちろん空売りが増える場面です。

ここまでは上がるか、下がるか順調にその方向に向かって動くときの話ですが、やがてこの動きは行き過ぎの領域に入ります。買われた相場はいつかは買われ過ぎになるし、売られていた市場は売られ過ぎに進んでいきます。


まず、買われ過ぎについて考えてみましょう。

空売りが減って、買いが増えていく市場はだんだん過熱して利益確定の売りが進む局面がきます。そのタイミングというのが、「**空売り比率が40付近まで下がってきたとき**」です。

反対に下げが進み過ぎて反発するタイミングは、「**空売り比率が50付近まで上昇したとき**」ということです。

もちろん100％当てはまるわけではなく、高い確率でそのような動きになるという意味であることも覚えておいてください。100％当たるような指標があれば誰も苦労はしませんよ。その通りにやればいいだけですから。

では、実際の動きを見ながら検証してみましょうか？

空売り比率で目先の天井を判断できることを確認

次ページの図「解答1－2」のケース❶を見ると、空売り比率と日経平均が逆相関しているのがわかります。難しい言葉を使いましたが、反対に動くという意味です。灰色の線で表れている空売り比率と、ローソク足で書かれている日経平均の動きをよくご覧ください。

2022年6月8日に空売り比率が40・40と、40付近まで低下すると、日経はその翌日まで上げて、大幅に下落しているのが確認できます。つまり、日経平均は目先の天井となったわけです。

ケース❷も同じです。ケース❶から半年ほど経った2022年12月15日、空売り比率はさらに低下して38・80で40を割っています。

解答 1-2 空売り比率で目先の天井を判断

ケース①　2022年6月8日

空売り比率　40.40：天井付近

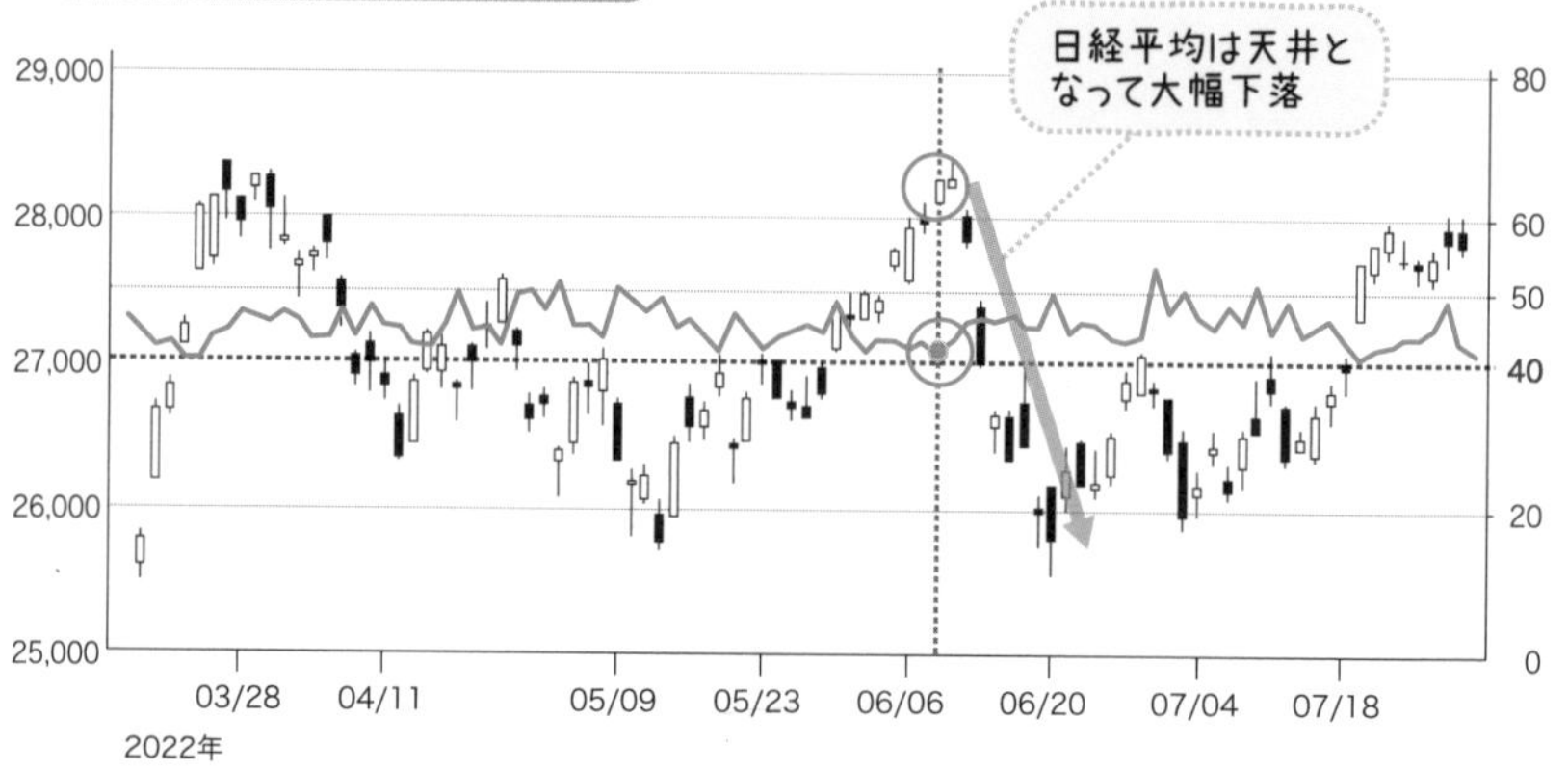

ケース②　2022年12月15日

空売り比率　38.80：天井付近

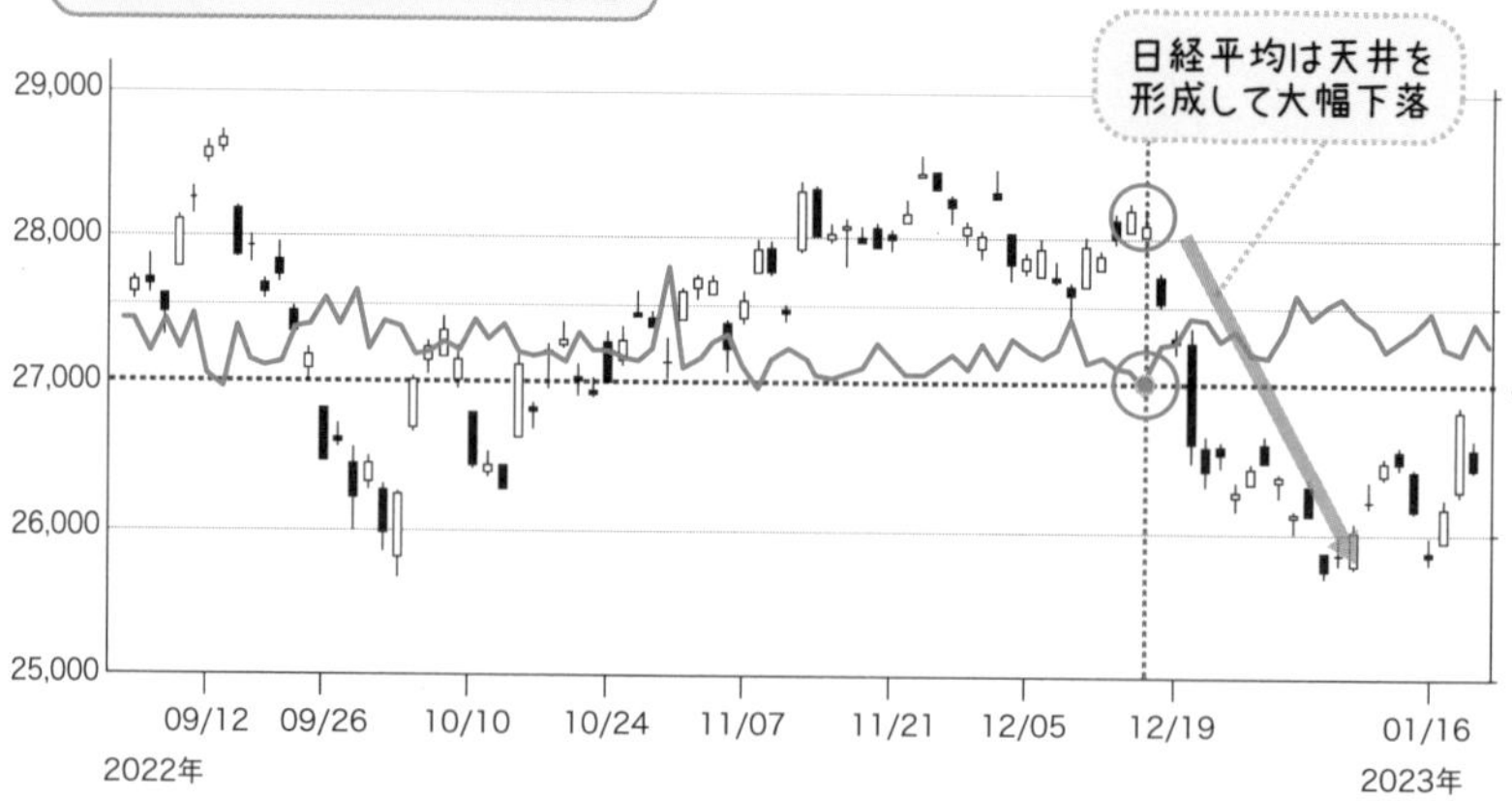

この段階ではすでに高値を一回切り下げていますが、空売り比率の低下が確認されてから大幅に下落しています。これで**「空売り比率40付近：天井付近」**と判断することができます。

空売り比率を観察していると、割と正確に天井になるところを捉えることができます。

それでは、今度は空売り比率で目先の底を予測する方法を事例を通じて確認してみましょう。

空売り比率で目先の底を予測できるか確認

株価が下がる局面では、下げて利益を上げたい人が増えるので、空売り比率は徐々に高まります。次ページの図「解答 1－3」のケース❸では、2022年1月27日に空売り比率が52・90まで高まり、50を超えるところまで進んでいます。市場全体で下げトレンドが進み過ぎて、短期的には売られ過ぎの領域に入っていることを意味します。

このケースでは、空売り比率がピークに達したこの日と日経平均の短期的な安値が、見事に一致しているのがわかります。その後はしばらく戻る動きに入ります。

他のケースでも、確認してみましょう。

ケース❹では、51・10まで上昇したタイミングが完璧に底値に一致するわけではありませんが、ほぼ底値圏で、その後大きく上昇しているのがわかります。

「空売り比率50付近：底値付近」と判断することもできそうです。

解答 1-3 空売り比率で目先の底を見つける

ケース❸ 2022年1月27日
空売り比率　52.90：底値付近

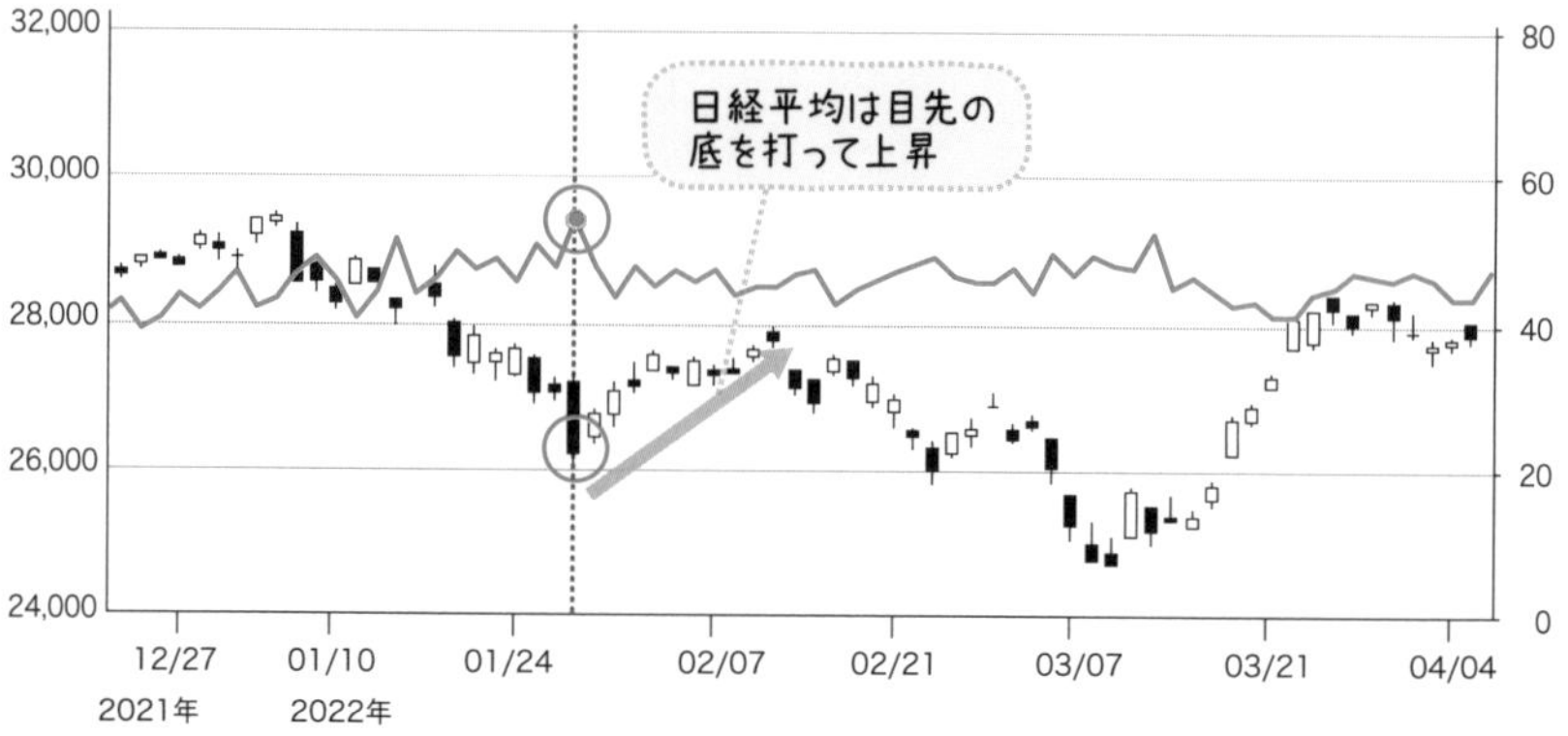

ケース❹ 2022年3月11日
空売り比率　51.10：大底付近

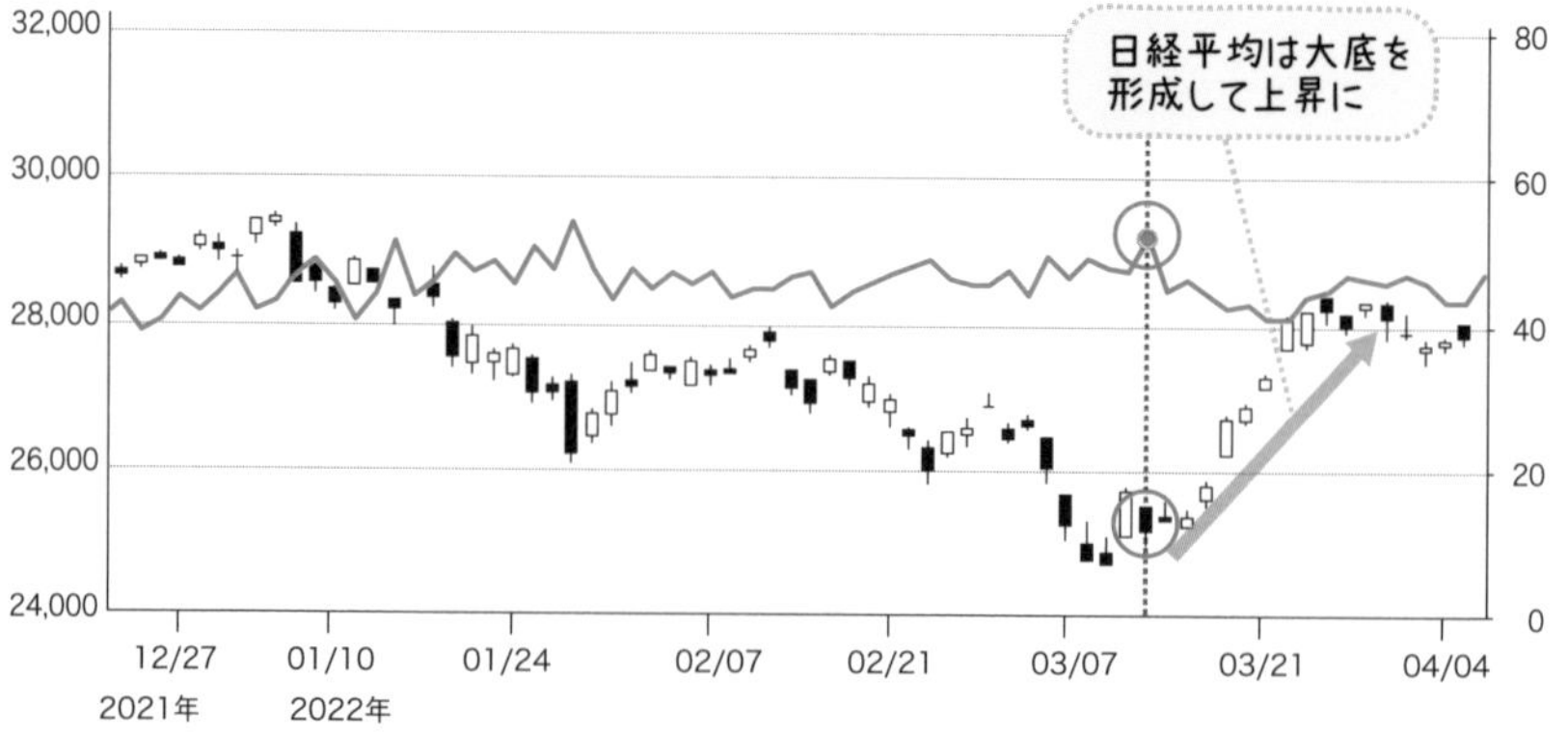

空売り比率で投資戦略全体の方向性を決めてから個別の銘柄に適用して実際のトレードを行う

ここまで、ケーススタディを通じて空売り比率で目先の天井、底を予測することができることを確認してきました。

肝心なのは、それを自分の投資戦略にどのように活かすかです。目先の天井がわかったところで、家族に自慢してもそれがどうした？ と言われればそれまでですね。

自分のトレードに活かして、利益を上げないと何の意味もありません。これを活用する方法は？なんだか、わかるようでつかめないですね？

ここでは、2つのステップで考えましょう。

まず、STEP 1で自分の投資戦略全体の方向性を決めます。そして、その方針に従って個別の銘柄に適用して実際のトレードを行うのが、次のSTEP 2です（178ページ以降を参照）。

言葉だけでは難しいので、STEP 1からわかりやすく図式で説明します。

① 空売り比率が40付近まで接近

空売り比率が40付近まで接近したというのは市場が安定しており、天井に近いことを意味します。この場合は買いポジションは利益がのっているので、利益確定で整理をして空売りに適した銘柄を探すなど、空売りの準備に入るのに時間を配分します。

天井付近というのに買いの銘柄ばかり探すのでは、効率が悪いですよね？

日経２２５先物の取引をする場合は、先物売りの準備をするなど、株式投資のみならずデリバティブトレードにも使えます。

② 空売り比率が50付近まで上昇

空売り比率が50付近まで上昇、または50を超えた場合は、市場が売られ過ぎに近づいていることを意味します。

空売りのポジションは、利益確定の買い戻しで片付けて、買いポジションを増やす準備に入ります。

市場全体が売られ過ぎに近づいているのに、さらに空売りができる銘柄を探すことではうまくいかない確率のほうが高くなるでしょう。

先物はそろそろ売りポジションを片付けて、買う準備に入ります。

解答 1-4 空売り比率で投資戦略全体の方向性を決める

① 空売り比率40	市場が安定しており、天井に近い。買いポジションを整理して空売りの準備に入る
② 空売り比率50	市場が売られ過ぎに近づいている。空売りは片付けて、買いの準備に入る
③ 空売り比率が40-50	50に向かうときは空売りのポジションは保持。 40に接近するときは買いを保持

③ 空売り比率が40と50の間

空売り比率が40と50の間にあり、どちらかに向かうときはその流れに乗せるのがポイントです。40から反転して50に向かって上昇しているというのは、市場全体が下げに入っているということです。

空売りを入れているポジションは保持して、利益確定のタイミングを待つのが基本的な戦略です。逆に50で頭打ちになり、40に向かって下げ始めると市場全体が上昇傾向にあるということです。買いのポジションを売って利益確定をするのではなく、保持していくのが正しい戦略です。

これでSTEP 1の基本戦略はよくわかりました。それでは、肝心な個別銘柄に活用する方法について考えてみましょう。

これは、実際の銘柄を使って問題を解きながら覚えるのが良いので、次の問題に進みましょう。

難易度
低　中　高

法則 16

空売り比率で空売りをスタート

STEP 2 の最初の法則は、空売り比率を銘柄の空売りをスタートするサインとして使うことです。

全体の方向性として空売りに適したタイミングに来ていることを確認し、それに合わせて銘柄も選定しておくなどの準備を進めていきます。

法則16
空売り比率40以下は空売りのスタートサイン
↓市場に楽観モードがあるときこそチャンス

難易度 高

問題2 空売り比率で個別銘柄のトレードスタート

Q2

空売りのトレードで学習したスマレジのチャートです。11月4日の空売り比率を使って空売りのスタートポイントとして使えるかどうかを確認してください。

問題2 空売り比率で個別銘柄のトレードスタート

ヒント

空売り比率と銘柄のチャートを同時に比較しましょう。答えは難しくないはず！

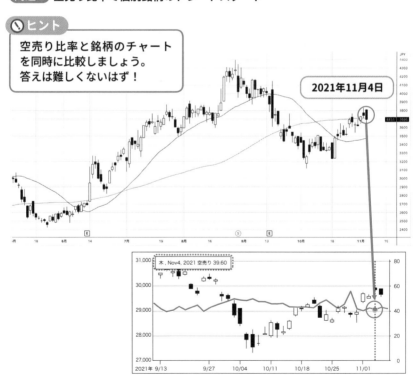

解答2

A 2

銘柄の動きと空売り比率の方向性が一致。トレンド転換を確認して空売りをスタートできる。

11月4日の株価と空売り比率を比較してみましょう。株価のチャートは高値を切り下げながら下落したあと、75日移動平均線まで戻って、次の下落を準備する位置まできています。

しかし、まだ下に向かってトレンド転換をしていないので、明日から早速空売りをスタートすることはできません。同日の空売り比率を確認すると39・60で40を割っているので、市場全体として買われ過ぎの領域に来ているのがわかります。

ここまでのことをまとめて判断すると、明日から空売りはスタートできなくても「そろそろ空売

解答2-1 空売り比率、トレンド転換線の活用でスタート

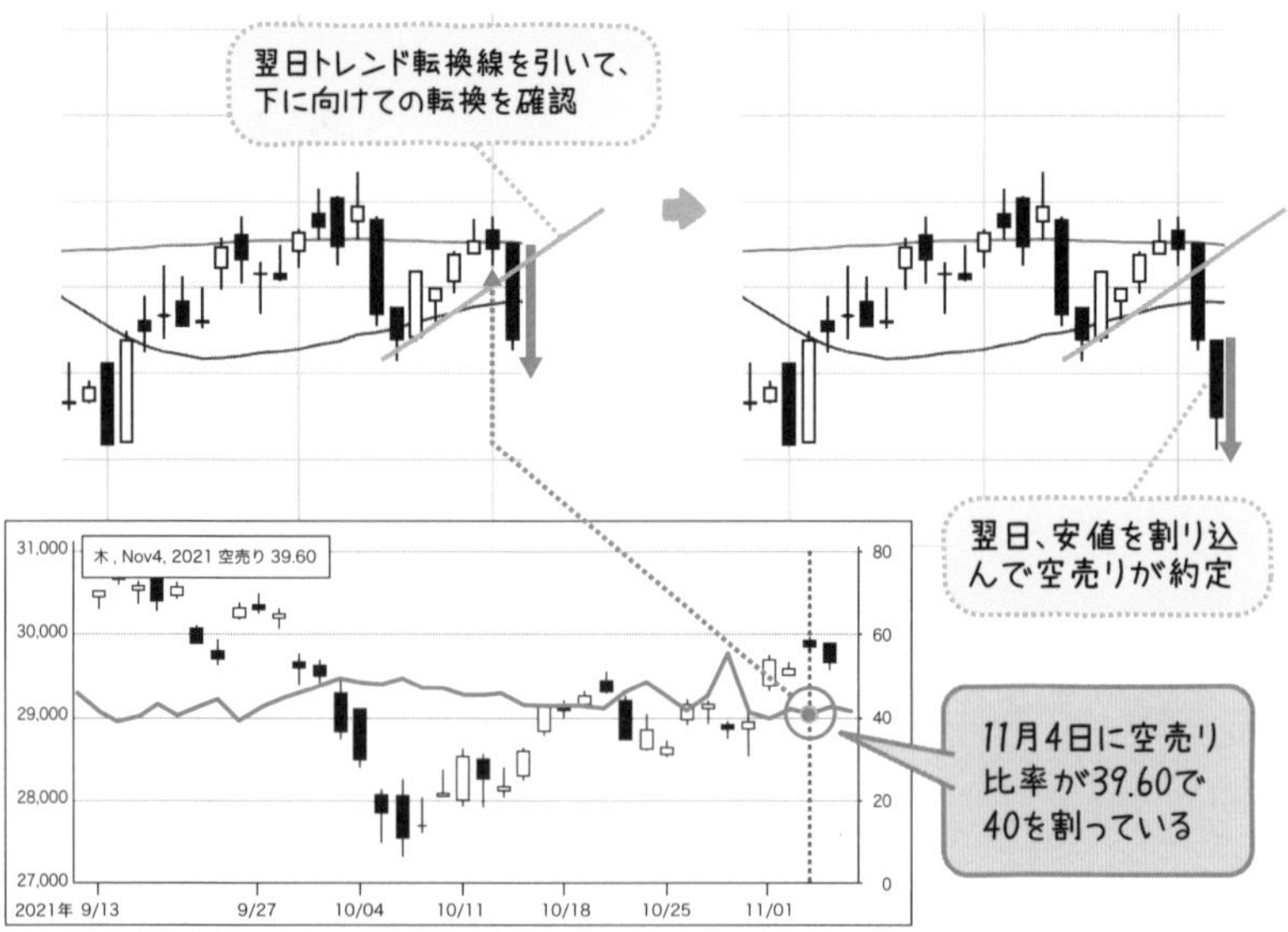

翌日トレンド転換線を引いて、下に向けての転換を確認
翌日、安値を割り込んで空売りが約定
木, Nov4, 2021 空売り 39.60
31,000
30,000
29,000
28,000
27,000
80
60
40
20
0
2021年 9/13
9/27
10/04
10/11
10/18
10/25
11/01
11月4日に空売り比率が39.60で40を割っている

りスタートかな?」と予想して準備しておくことは十分可能です。

実際のトレードプロセスです。この日にトレンド転換線を描いたら、翌日に下に向かってトレンド転換することを確認できます(図「解答 2-1」の左)。これで、すべての条件は揃いました。転換した日足の安値割れのところに空売りをセットしておきます。注文をセットした翌日には早速安値を割り込んで空売りが約定しました(図「解答 2-1」の右)。

その後は、トレンドに乗って大きく下落、利益を伸ばすことができます。空売りのスタートを判断するタイミングからその後の経過までをまとめたのが、下図の「解答 2-2」です。空売りに適したタイミングを確認して、個別の銘柄でもスタートに最適なタイミングを導き出したので、もはや敵なしです。

次の**法則17**で個別銘柄の空売りをしてから、利益確定のタイミングを予測して終わりにする方法までマスターしてしまいましょう。

解答 2-2　空売り比率を空売りのスタートに活用した全体像

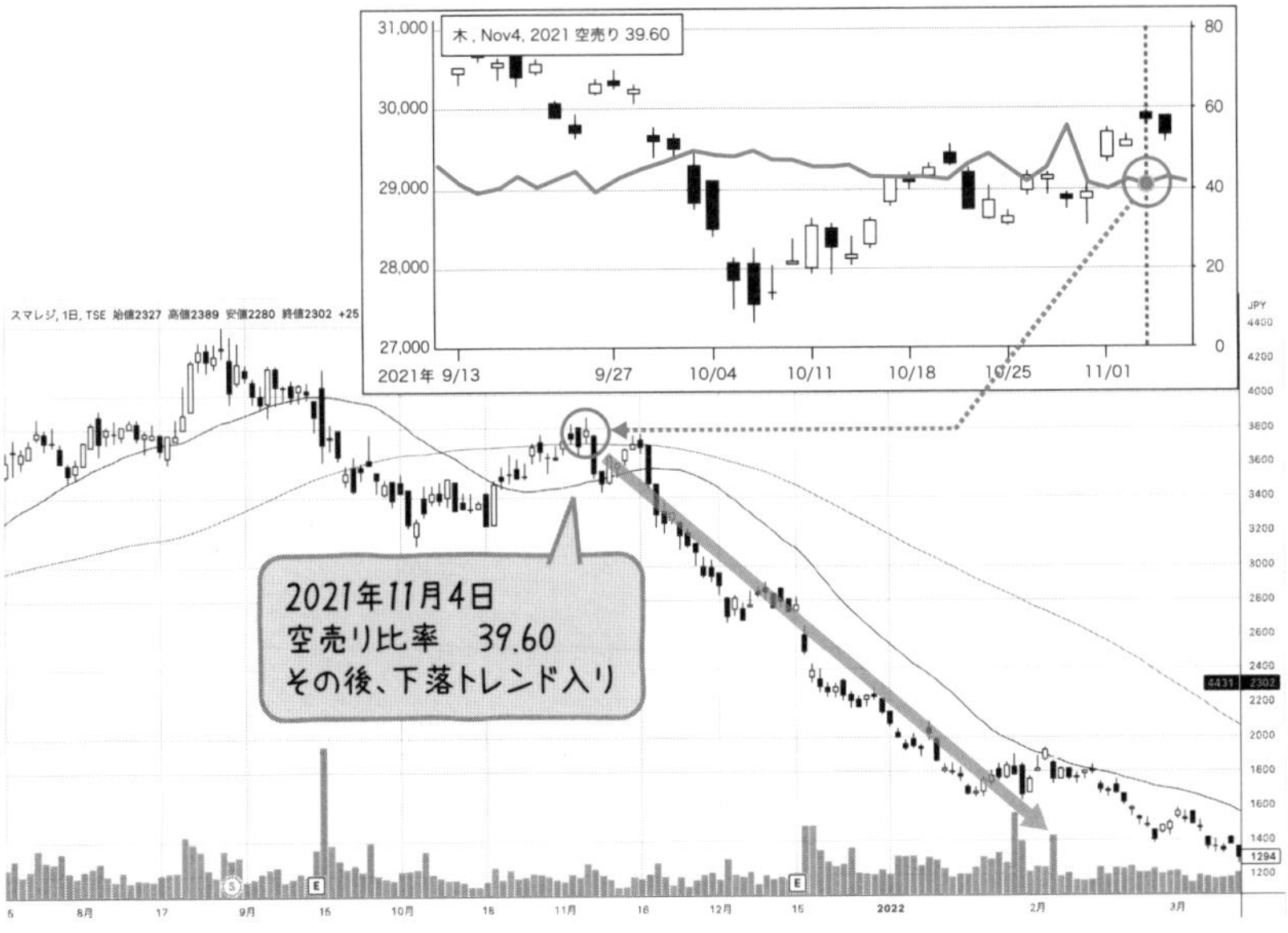

難易度
低　中　高

法則 17 空売り比率で空売りを完了

STEP 2の最初の法則を使って空売りをスタート、順調に利益が増えています。あとは適切なタイミングに利益を確定するだけです。

ここまでは、トレンド転換線を使って利益確定する方法について勉強してきましたが、空売り比率を使うと、より高い精度で利益確定の買い戻しをすることが可能です。

問題を解きながら、実践感覚で挑んでみましょう！

法則17
空売り比率50は空売りの利益確定サイン
⬇ 市場に悲観モードが充満したときこそ終わりの時間

難易度 高

問題3 空売り比率で利益確定のタイミングを探す

Q3

空売りをスタートしてから下落が続いてきた日立のチャートです。

少し反発してから再び下げに転じた3月11日に空売り比率を使って、利益確定の買い戻しを行えるか判断してください。

問題3 空売り比率で空売りの終了時点を判断

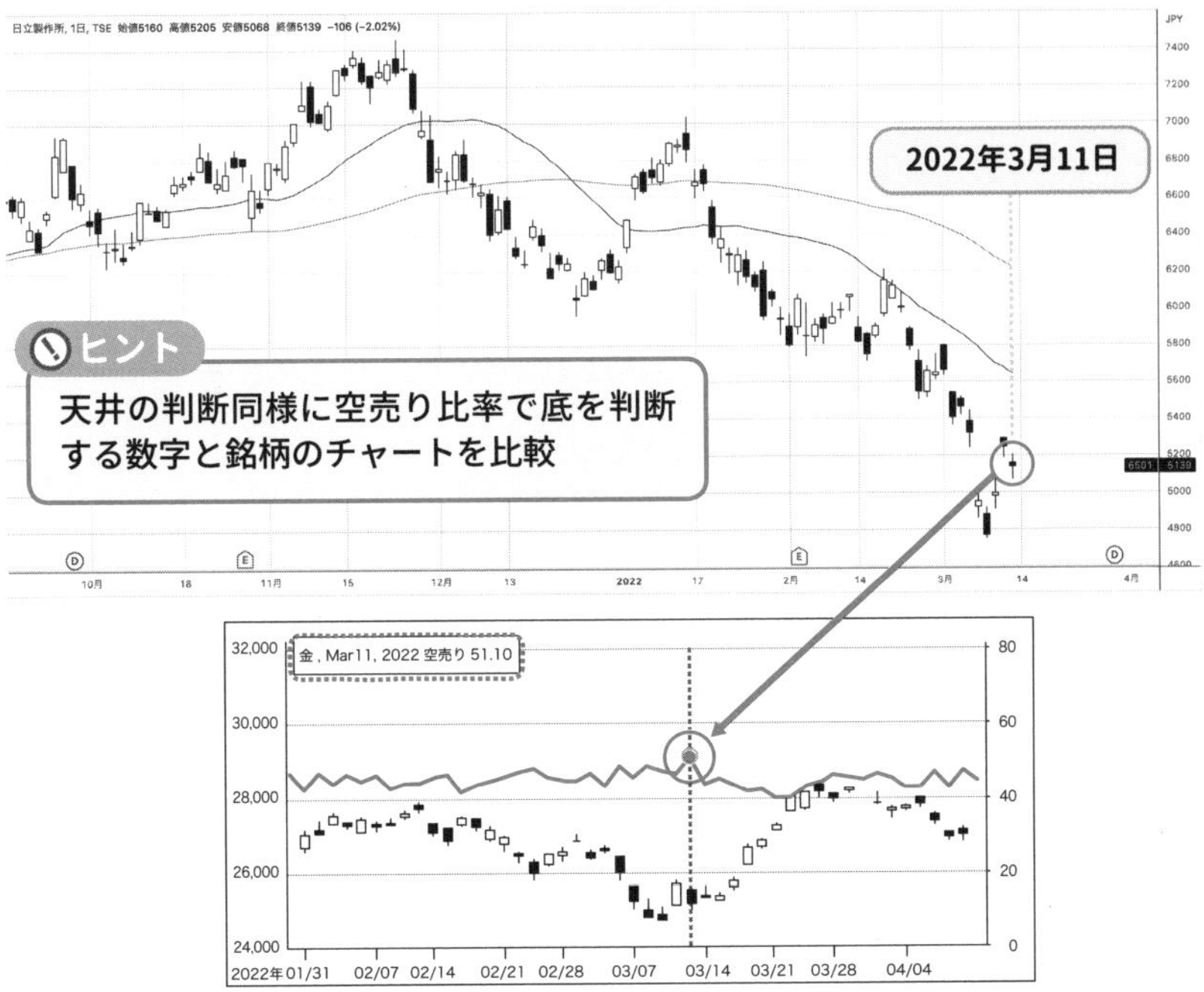

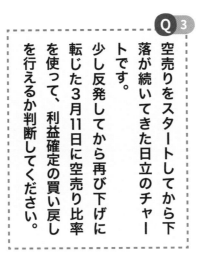

解答3

A 3

再び下げてはいるが、空売り比率ではこれ以上下げにくいことがわかる。利益確定の買い戻しが必要。

3月11日まで、空売りの利益を確定していないとしましょう。

一回上昇はしたけれど、再び下げてきたので、もう一度下がって利益をもたらしてくれるのではないかと甘い期待が膨らみます。

ここはいつものトレンド転換線を描きながら、精度を高めるために空売り比率も取り入れます。一連のプロセスを図「解答3－1」にまとめました。

解答3-1 空売り比率を空売りの利益確定に活用

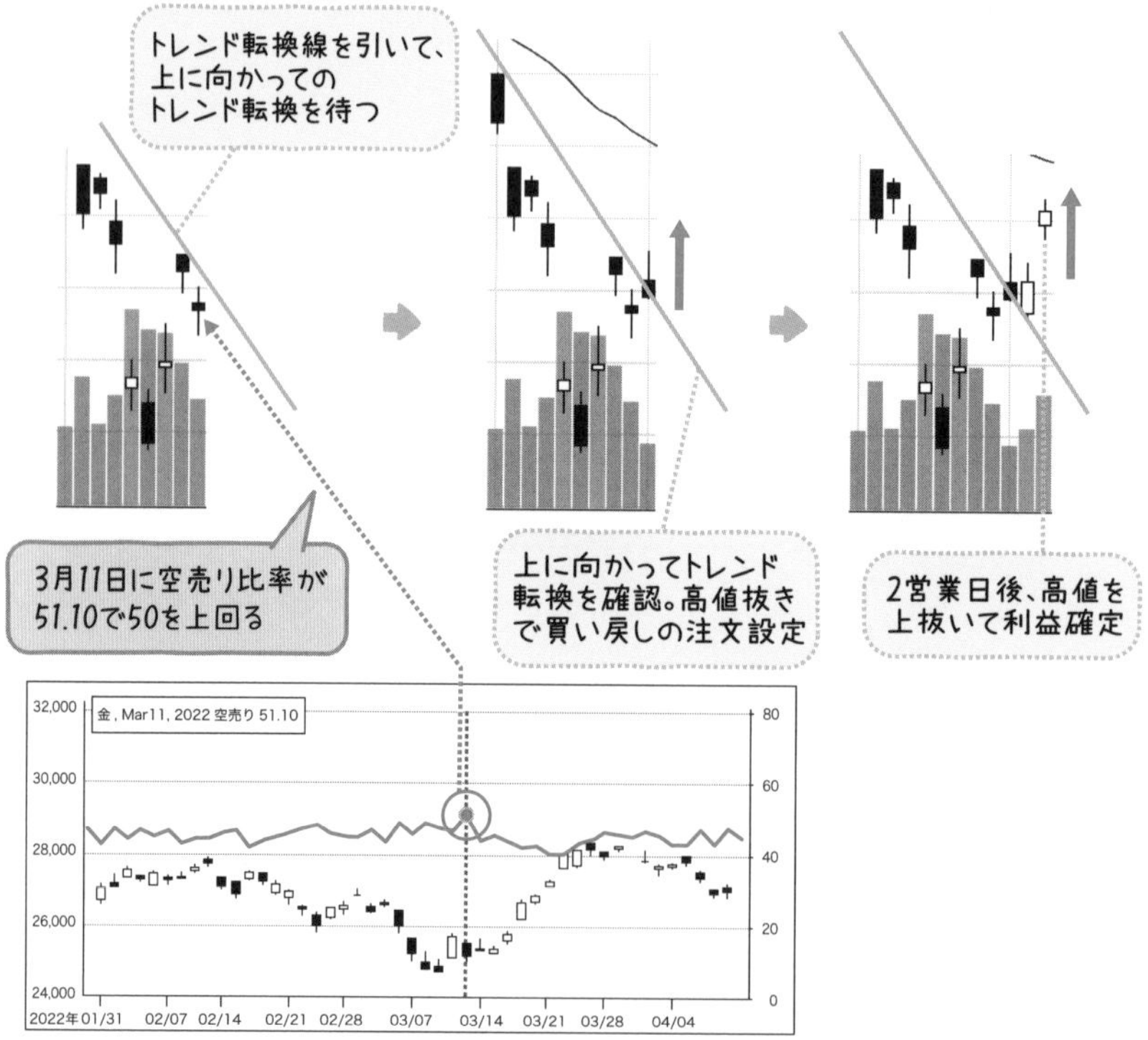

トレンド転換線を引いて、上に向かってのトレンド転換を待つ
3月11日に空売り比率が51.10で50を上回る
上に向かってトレンド転換を確認。高値抜きで買い戻しの注文設定
2営業日後、高値を上抜いて利益確定
金, Mar11, 2022 空売り 51.10
32,000
30,000
28,000
26,000
24,000
80
60
40
20
0
2022年01/31
02/07
02/14
02/21
02/28
03/07
03/14
03/21
03/28
04/04

3月11日時点で空売り比率は51・10で50を上回り、売られ過ぎの領域に入っています。まずこれをしっかり意識しておきましょう。

その後、トレンド転換線を描きます。まだ上に向かってトレンド転換していませんが、この時点で空売り比率は売られ過ぎというサインを出しています（前ページの図「解答3－1」の左）。

翌日、トレンド転換線に実体がまたがり、上に向かってトレンド転換したことが確認できました。空売り比率、トレンド転換線の両方を合わせて判断すると、紛れもない反発がスタートするタイミングです。

もちろん、さらに下げが継続するなら、この日の高値を超えずに安値を割り込む動きになるでしょう。

解答3-2 空売り比率50を利益確定に活用する全体プロセス

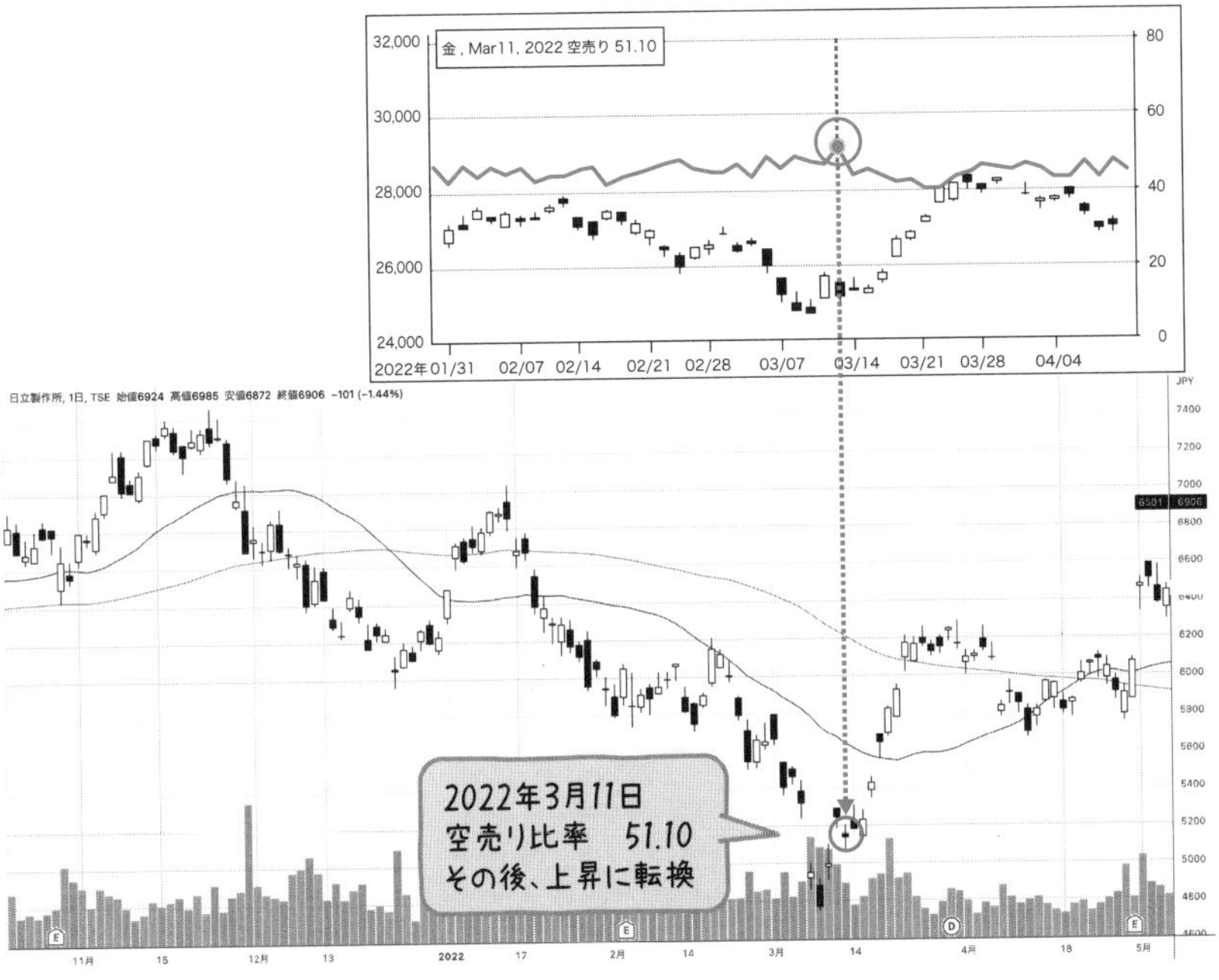

それはそれでいいです。何もせずに保持すればいいだけのことですから。
トレンド転換した日足の高値を上回るところに買い戻しの注文を設定しておきます（184ページの図「解答 3－1」の中央）。実際の動きでは翌日下げて、再び下げに転じるかと期待をさせますが、2営業日後には高値を超えて、利益確定ができました（図「解答 3－1」の右）。

空売り比率とトレンド転換線で利益確定のタイミングを導き出してから、その後の経過までをまとめたのが185ページの図「解答 3－2」です。問題で解いたこのタイミングがまさしく底打ちしてから最終的に空売りの利益を確定するタイミングだったこと、その後は上昇トレンドに変わったことがわかります。

空売り比率で市場全体の環境を認識して、個別銘柄の戦略に使う方法まで勉強してきました。あとは実践しながら使い方をどんどん洗練させていくだけです。
そう、何よりも実践が大事です。実践してみないと改善点も見つかりません。最初からうまくいくこともなかなかないので、失望せずに続けてください。仕事も、勉強も、投資も諦めずに継続することが肝心です。

最後に、ここまでの話をまとめた空売りトレードをする一連のプロセスシートを、法則18に掲載しています。トレードの下準備から最後まで、トレードするときの道標としてご活用ください。

難易度
低 中 高

法則 18 空売りのプロセス

法則18
空売りの上達はプロセスの繰り返しにあり
⬇下準備から振り返りまでプロセスを回すことで上達は早くなる

プロセスシートの数が増えていく分、あなたの空売り経験も増え、いつのまにか利益を上げられている自分を発見することができると確信しています。

ここまでの長い道、お疲れさまでした。まだ曖昧だと感じる部分は遠慮なく見直して、繰り返しながら読んでみてください。

また、トレードがうまくいかない場合でも基本に立ち戻って見直してください。

空売りの達人への旅をご一緒してくださり、ありがとうございました。

●空売りの実行プロセス

	プロセス1	プロセス2	項目	詳細
準備	環境認識	日経平均のチャートチェック	日足	
			週足	
			判断	
		空売り比率	比率（数値）	
			判断	
	個別銘柄の分析	テクニカル	チャート上のポイント	
			RSIの数値	
		ファンダメンタル	業績の状況	
			決算発表予定	
		最終判断	判断詳細	
実行	トレード実践	トレード計画	エントリー価格	
			ロスカット価格	
			利益目標価格	
		トレード記録	トレード開始	
			トレード終了	
フォロー	トレード後フォロー	結果	損益金額	
		トレード分析	よくできた点	
			改善ポイント	
		継続トレード	継続トレード方針	

● 空売りの実行プロセス（サンプル）

	プロセス1	プロセス2	項目	詳細
準備	環境認識	日経平均のチャートチェック	日足	横ばい
準備	環境認識	日経平均のチャートチェック	週足	上向き
準備	環境認識	日経平均のチャートチェック	判断	中・長期的に上昇であるが、短期的に下落の準備
準備	環境認識	空売り比率	比率（数値）	40.2
準備	環境認識	空売り比率	判断	空売り比率が目先の天井を示しているので空売り実行可能
準備	個別銘柄の分析	テクニカル	チャート上のポイント	天井をすぎてから高値切り下げ2回目
準備	個別銘柄の分析	テクニカル	RSIの数値	70.4
準備	個別銘柄の分析	ファンダメンタル	業績の状況	下方修正
準備	個別銘柄の分析	ファンダメンタル	決算発表予定	1月に3四半期の業績発表済み。直近の予定はない
実行	個別銘柄の分析	最終判断	判断詳細	空売りに適切なタイミングに来ていると判断
実行	トレード実践	トレード計画	エントリー価格	6,300円以下になると6,100円で空売り
実行	トレード実践	トレード計画	ロスカット価格	6,620円以上になると成行で買い戻し
実行	トレード実践	トレード計画	利益目標価格	前回のサイクルで記録した安値4,480円
実行	トレード実践	トレード記録	トレード開始	202x年2月1日
実行	トレード実践	トレード記録	トレード終了	202x年3月12日
フォロー	トレード後フォロー	結果	損益金額	+204,000
フォロー	トレード後フォロー	トレード分析	よくできた点	適切なタイミングでエントリーができた
フォロー	トレード後フォロー	トレード分析	改善ポイント	利益確定を急いでしまったので、より伸ばすにはどうするかを学習
フォロー	トレード後フォロー	継続トレード	継続トレード方針	下げトレンド加速期に入るので、もう一度エントリー

おわりに

ここまでご一緒した空売りの達人への旅、いかがでしたでしょうか。

「練習帖」というタイトルになっていますが、最後の部分になると新しい概念も出てきて、読み応えがあったのではないでしょうか。

最初は軽い気持ちで出発しても、経験を積んでくると、本を手に取ったときとは別のステージに立っている自分を発見することができたと思います。できなかったと思っても焦らないでください。本書は、一度きりではなく繰り返して読むことで理解が深まり、それでこそ意味があるものだと思ってください。

あらためて、本書を最後までお読みいただき、誠にありがとうございます。

この本は、初心者の方でも理解しやすいように、空売りについて基本的な考え方から、リスクと対処方法までを詳しく解説しました。練習問題を通じて、実際の市場でのトレードに役立つスキルを身につけていただけるように構成したのはもちろん、応用問題でさらに拡張できるようにもしました。

空売りは、株式投資において利益を得る手段の1つであり、有効な戦略であることは間違いありません。しかし、そのリスクを理解せずに取引を行うと、大きな損失を被ることになります。

本書で一貫して利益の取り方とリスクと対処方法（ロスカットの設定）をセットで説明しているのは、そのような被害を防ぐためです。それを理解し、安全なトレードを行っていただけることを願っています。

そして、空売りの達人に変貌したあなたにお会いすることを楽しみにしております。

最後に、この本の執筆にあたり、多大なるご協力とご支援をいただいた方々に感謝の意を表します。デビュー作を書く２０１４年頃はまだ10歳にも届かなかった子どもたちも、いつのまにか成人に近づいていくほど成長しました。今でも笑顔を見せてくれるAyeonとJinwoo、私が書くすべての本にあなたたちを愛していると書かずにはいられません。そしてＴＢＬアカデミーのスタッフ、受講生の皆様にも無限の愛情と感謝の気持ちをお送りしたいと思います。

本書が、空売りに興味を持つ方々にとって最高のパートナーになりますように、心から願っています。ありがとうございました。

２０２３年、３年ぶりの花見を終えて　ジョン・シュウギョウ

世界一《せかいいち》やさしい　空売《からう》りの練習帖《れんしゅうちょう》　1年生《ねんせい》

2023年 5 月31日　初版第1刷発行

著　者　ジョン・シュウギョウ
装　丁　植竹 裕 (UeDESIGN)
発行人　柳澤淳一
編集人　久保田賢二
発行所　株式会社ソーテック社
〒102-0072 東京都千代田区飯田橋4-9-5　スギタビル4F
電話：注文専用　03-3262-5320
FAX：　03-3262-5326
印刷所　図書印刷株式会社

ISBN978-4-8007-2112-9

本書のチャート分析の図の一部は、TradingView（https://jp.tradingview.com）の提供です。